"十二五"国家重点图书出版规划项目

王逢振　主编

詹姆逊文集

第 9 卷

时间的种子

王逢振　译

中国人民大学出版社

·北京·

献给王逢振

……献给可以深入观察时间的种子

并能说出哪些种子会生长哪些不会生长的人……

编者的话

韦勒克图书馆批评理论系列讲座每年在加利福尼亚大学欧文分校举行一次，由该校的批评理论研究所承办，本书据 1991 年 4 月的演讲写成。

目　录

作者前言

本书共三部分，原是 1991 年在加州大学欧文分校韦勒克图 xi 书馆所作的一年一度的系列演讲，目前的新标题旨在强调三部分之间某种更深刻的相互联系。甚至在“历史的终结”之后，似乎仍然存在某种历史的好奇性，这种好奇性具有一种总体的系统性，而不只是对轶事的好奇：不只是要知道下一步会发生什么，而是作为对我们的制度或生产方式本身的更大命运的一种更普遍 xii 的焦虑——对此，（一种后现代的）个人经验告诉我们，这种焦虑必然是永恒的，虽然我们从理智上认为这种感觉绝不可能，但对它的分裂或替代却提不出任何合理的方案。今天，我们似乎更容易想象土地和自然的彻底破坏，而不那么容易想象后期资本主义的瓦解，也许那是因为我们的想象力有某种弱点。

我已经开始认为，**后现代**一词应该为这种思想保留下来。这个术语及其各种各样的词组，似乎反而已经演变为各种党派对价值的表达，它们大部分取决于对这种或那种多元主义看法的肯定或否定。但是，这些是更容易以具体的社会术语（例如，各种女权主义的术语或新的社会运动的术语）来论证的观点。然而，作为一种意识形态的后现代主义，最好被理解为我们整个社会及其文化或生活方式中更深刻的结构变化的一种征象。

但是，由于那些变化仍是一些趋势，而我们对现实的分析又受到我们认为什么会保持或发展的支配，所以要说后现代主义究竟是什么，几乎很难不涉及它究竟会走向何处这个更难的问题——简言之，就是要解开它的矛盾，想象它的后果（以及那些后果的后果），推测那些现在至多是某些倾向和潮流的东西在充分发展成熟之后会采取什么形态和机制。因此，整个后现代主义理论都是对未来的一种说明，具有不完善的一面。对“当前形势”的分析是否总是如此是一个有趣的问题，一个我不想决定的问题：也许对现代主义的上千种看法，以某种方式比我们今天的
xiii 看法更接近其现时的想象。对此我们可以肯定的是，不论这些想象是什么，它们既不是上千种，也不是乌托邦的。

不论怎样，本书每一部分都试图分析判断文化的现状，展望其未来的前景，虽然很明显它们不可能在任何预言的意义上进行预测。但是，这三部分所作的分析判断依据的是三种相对不同的方法论的运作。第一部分论当代思想和意识形态的二律背反，不考虑各种立场观点的不连续性，找出一些关键的地方，在这些地方，甚至对立的观点似乎也共同面临一种概念上的困境，而这种困境没有在任何地方以其自身的方式加以说明或反映过。因此这里所作的设想是：一批特殊的观点和文本（它们本身或多或少是连贯的、自成一体的）共有一种无法表现的基础，这种基础只能作为大量的逻辑悖论和无法解决的不合逻辑的概念来传达。当然，这些都不可能从任何更高的观点来“解决”，而且我料想还存在着比这里所列的更多的二律背反（或至少它们有更多的表现形式——诚然，逻辑学家可以将它们归纳为某种更简单的原始形式）。在一种这里仍然只具粗浅轮廓的雄心勃勃的想法当中，我觉得应该做的是，为许多当代（即后现代）争论中看似最关键的问题提供一个外貌和一种无法表现的外部状况。未来像许多相互关联的遗传学信息似的缠绕于那种无法表现的外貌。所以，这一部分是试图表现矛盾的运作方式的一种实验，因而根据辩证法的某一种运用它可以称作**辩证的**，即使它一开始所依据的是一种受到阻滞或抑制的辩证法。

在同样的程度上，在一种非常笼统的意义上，最后一部分可以说成是**结构的**，因为与第一部分不同，这一部分假定了一种严格的封闭概念，采取了格雷马斯（Greimas）符号学矩形的形式，提出了它的有限数量的概念组合和可能性。这种符号学的技巧现 xiv
在用来勘察探讨的不是意识形态的多样性，如在第一部分里那样，而是美学上的多样性或“多元主义”。实际上，它产生于我自己和其他人的某种气恼，他们和我对现代艺术的（该部分中指建筑的）形式和风格中无限的、难以驾驭的丰富性，常常表现出自己的热情，而这些形式和风格从现代的目的中解放出来，现在以大量新的、令人鼓舞或激人进取的方式成了“无规则约束的”东西（这些形式、风格人们最好不要称作“新的”或独创性的，因为正是从那种旧的现代主义对“新颖性”的禁忌中获得的解放，像魔棒似的使后现代获得自由，达到它无法想象的当代的繁荣）。就我自己的情况而言，我想恰恰是“风格”的概念——从前一个时期我就非常熟悉——长期使我不能摆脱这种无限多元论的影响，但这影响是否定性的，因为它使人确信，经过以个人为中心的主体统治之后，个人风格本身已不再可能。同时，它将整整一个时期归纳为某种一般化的时代风格，例如巴洛克或哥特式的风格，似乎不仅是难以容忍的唯心主义的，而且也是非辩证的；它未能考虑此后在当代或后现代的生产中，整个前一时期的和世界的风格一直历史地持续到我们现在（现在几乎以调停的方式充斥着那些风格）这一绝对事实所发生的作用。换言之，后现代还被它所包含的各种可能的风格从构成上加以限定，因此，从外部看，它自己的包容能力在总体上具有任何一种特殊风格的特征，也就是说，它抵制美学或风格的**整体化**（这种美学上的抵制，可能正是不正确地抨击政治或哲学上的整体化时总有的意思）。

因此，我过高地估计了实际存在的后现代“风格”的多样

xv 性，似乎忘记了结构主义的基本教训，即一种整体性是一种结合或置换的结构，不论它的过程具有多么不可言喻的历史性和流动性，其本身也有一种封闭性。这就是说，任何想把这种过程概念化的企图——例如，采取混乱或灾变理论——只有赋予它们一种表现才可能实现，而表现本身就是一种封闭的形式。不过，环境的封闭和对其反应的封闭之间有着根本的区别：后者仅仅是唯心主义的，因为它在反应当中，在行为或作品或风格当中，而不是在物质环境本身当中假定一种结构上的限制。我在建筑作品本身当中寻找那种限制（如果能找到它，如像它在某些历史时期那样，这种形式上的限制将采取一种特殊的时代风格的形式）。但事实上，结构上的限制要在环境或困境中发现，个人建筑师以及他们的独特的设计都必须以这种或那种方式对环境或困境作出反应。

如果谁认为我的论述以某种方式冒犯或伤害了建筑师本身，或所有难得的天才的艺术家——这些人我都非常敬佩——那他就还不明白创造性应在于反应之中，而不在于环境本身最初已有的东西或原始的材料之中。关于自由和不确定性的错误，即认为它们对这种讨论形成哲学和形而上学的连带后果，也属于一种类似的性质：它把旧式决定论的因果关系归于对结构限制的版图绘制，而对于结构限制，因果关系毋宁被重新解释为**可能性的条件**。就像纪德（Gide）的拉夫卡迪奥（Lafcadio）那样，谁都不想成为可以被预言的人，谁都不想事先被充分了解（他们认为，上帝、“整体化”或决定论倾向于做那种事，倾向于预先决定你对虚假的创造性作出最少误导的努力，或徒劳地运用一种虚假的自由意志）。确实，限制的学说走得极远，并作为一种内在的情境深入到个人的精神深处和结构的形成中，而在这种内在情境之内，同样需要一种
xvi 缩小的个人自由发生作用。这种学说并不完全排斥或消除能动作

用，相反，它恰恰使这种能动作用的详细说明成为可能。

我对建筑上的后现代主义的封闭性所画的小图表——其本身只不过是个概略，就像在第一部分一样——并不想预言未来，设想什么东西会克服这些对立（或者被它们变得中立或麻痹）。相反，它受到黑格尔（Hegel）的旧观念的激发，就是说，当我们识别一个界限或一种局限（康德［Kant］所说的限制）时，我们仍然会稍微改变那种受限制的情境、那种绝对局限的情境或经验，把整个情境纳入它自身之内，使这个限制成为它迄今已经限制的范围内的一个部分，从而它自己也发生改变。但是这一模糊的目的或奢望，那时也与结构主义的限制相一致，而结构主义在达到真理或决定的阶段，达到某种实践的前景时，它的精确性总是消失，变成昏暗不明的东西。

剩下的一部分，即第二部分，从这些其他的后现代讨论中突出出来引起人们的注意，几乎脱离了我这里评论的秩序。根据弗洛伊德或深层心理分析的方式，从形式上也许它最好被说成是关于压抑和否定的问题，甚至是崇高的问题，也可能是哀伤的问题。因为在除了字面之外的各种意义上，我们这里都面临着已经从后现代场景中消失的东西（因为正是在 20 世纪 80 年代，在一种全球性后现代文化倾向的统治时期，普拉东诺夫［Platonov］的这一十分重要的作品，以及其他一些作品，才被重新发现并第一次出版）。

那么，这里我们必须考虑现在应该说是第二世界的文化，一种新出现的社会主义文化——这种文化以其东欧或南斯拉夫的形式发展，现在已经中断。我想论证的是——至少这里的第二部分包含这样一种论证——不仅存在一种特殊的第二世界文化，其独创性可以通过它脱离商品拜物教部分地得到说明，而且在西方被 xvii
称作不同政见的事物，在很大程度上也是那种文化的一部分，正如目击者索尔仁尼琴（Solzhenitsyn）所愤怒地发现的，尽管佛蒙特是非共产主义的，但它是腐败的、西方的、资本主义的，与任何斯拉夫的或苏联的共产主义者一向预言的情况毫无二致。因此，不同政见是知识分子生活的一种第二世界的形式，其美学实践者的反共产主义看法，并不会使他们成为第一世界的作家或艺术家，就像在这里反对美国政府，并不会使我们不是资产阶级一样。

我这样说的原因是，虽然在我看来普拉东诺夫的乌托邦不是反讽性的，但它所产生的可怕景象和幻象，预先未获警告的读者很可能认为是反讽性的，认为那是反共产主义的论点而不是对共产主义经历的表达。换言之，我想论证的是，《切文古尔镇》的真正暴力——我们当中有些人几乎无法忍受——恰恰是为其乌托邦冲动的真实性所付的代价（因为那种冲动在新的、永远消除自我的修辞潮流中产生出它的文本）：为拯救乌托邦不使它在西方的地位单纯化而付出的代价。但正是这一切一定要详细地论证——包括乌托邦幻象中一切粗野和原始的东西，它的乡下人民肤浅简单的头脑——以便使我们再次抓住从后现代世界观中漏掉的东西，更确切地说，抓住过去不得不以某种新的暴力从中压制的东西，使那种“世界观”（当然，在旧的意义上它并不真正是一种世界观，而是以实证主义和技术统治取消所有的世界观）首先形成存在。因此，这一部分是其他两部分间的一种缓慢的过渡，它使某种过去的反响处于适当的位置，虽然这种过去在结构上并不出现，但一定也大致上限定了我们即将到来的未来，这个未来几乎比我们当下的一些最明显的部分更好。

xviii 题写一位老朋友的名字，是为了感谢他在知识和社会方面的款待，这还将从另一个范围来限定此书，将一种全球的（但仍是西方的）后现代性与中国本身巨大的异序元素并置起来。

弗雷德里克·詹姆逊

于康涅狄格州吉林沃斯

第一部分　后现代性的二律背反

通常人们总把二律背反与矛盾区分开来，这主要是因为在人 1
们的知识里包含着后者容易解决或消除，而前者不容易解决或消
除的观念。在那种意义上，二律背反是一种比矛盾更清楚的语言
形式。它使你知道自己的立场。它代表两种本质上不可调和的观
点——实际上是绝对不可调和的观点，要么接受要么拒绝。而矛
盾是关于偏向和方面的问题，只有一部分与伴随的观点不可调 2
和，实际上，它更多地涉及力量或者事物的状态，而不是词语或
逻辑的含义。从长远看，矛盾被认为是生产性的，而二律背
反——如康德的经典例子：世界有一个开始，世界没有开始——
根本不提供什么解决的办法，不论你多么努力地反复考虑。

所有这一切可能意味着，矛盾是个单一的存在，围绕它可说出多种不同的、看似矛盾的东西；稍作努力，稍微有些独创性，就足以说明两种矛盾的事物以某种方式互相关联，或者相同——一种事物包含着另一种事物，或者不容怀疑地由另一种事物引起。在那种情况下，恰恰是境遇导致了不同，其本身的不完整性引发出多种观点，使我们觉得手边的问题现在是 X，或者是 Y；或者更确切一些，同时既像 X 又像 Y。然而，二律背反明显地、毫无疑问地是两个不同的事物：X 或 Y，而且两个事物完全不同，境遇或语境根本不能说明问题。

非常明显，时代更适合二律背反而不是矛盾。甚至在后者的精神故乡马克思主义当中，最先进的倾向也对矛盾感到困扰不安，就像对某些最后无法消除的、能够以某种致命的旧方式（如

幻想或头脑发热）使体制再次感染的唯心主义残余似的。因此，最杰出的马克思（Marx）主义评论家卢西奥·科莱蒂（Lucio Coletti）便开始利用康德来反对辩证法，并说服他自己（和我们）相信矛盾不是自然存在，因为自然里的一切现象都是确定的。就康德而言，我认为他在这里是错误的，因为按照康德的看法，显然只有“在自然里”（或更确切一些，在他所说的“显得真实”
3 的情况里）才真正存在对立。事实上，科莱蒂在这里卖弄的批评观点被称作实证主义，而这使他完全离开了马克思主义。（不过，毫无疑问，今天再回到康德，一般都有一种反辩证行为的意义。）

一位更伟大、更有影响的马克思主义理论家——路易·阿尔都塞（Louis Althusser）——似乎已经认为他的使命是一种坚定的现代化（或后现代化）的使命，其目的是清除马克思主义中一切多余的黑格尔的东西——也就是说，德意志的和唯心主义的东西。他走得如此之远，以至于怀疑调和的概念（确实，这个概念必要时可以被转码的概念代替），但人们有足够的证据认为，他的意思是加速前进，最终玷污并驱除矛盾概念本身。事实上，他的这种考虑曾引起他的更间接的反马克思主义的追随者辛迪斯（Hindess）和赫斯特（Hirst）的不断思考。他们的例子使人们感到疑惑，不知道是否还有其他什么处理方式也能够使马克思主义如此地完好无损。

如果这些是马克思主义内部正在发生作用的最先进的倾向，那么也许不需要去想象马克思主义之外正在发生的情况了。与矛盾的一般概念相同的情形在各种精神分析里继续存在，甚至当列维-施特劳斯（Lévi-Strauss）继续强调马克思主义和弗洛伊德的矛盾概念对他的重要性时，结构主义本身以及伴随出现的符号学，也倾向于推进使矛盾的范畴转向更合逻辑的二律背反的范畴。但这第二个术语的流行（它本身对实证主义的流行形式同样也不重要）我们似乎主要归功于解构主义，在解构主义当中，尤

其在保罗·德·曼（Paul de Man）的手上，它变成了一种工具，
用以揭露同时对某种思想及其语言自相矛盾的一切事物，而其语
言本质上的瘫痪性和非生产性在一种概念的凝固框架里被突显出
来。不过，对矛盾的某种回归，似乎在黑格尔式的拉康主义中已
经列入了今天的日程，其中斯拉沃热·齐泽克（Slavoj Žižek）关 4
于“症状”的概念，提出了一种对弗洛伊德（Freud）和马克思
的重新思考。

我自己的感觉是，不应假定一种我们必须在这两个范畴之间进行选择的境况（或许矛盾意味着现代主义的选择，而二律背反更多是提供一种后现代的选择），而应根据任一个范畴以其独特的方式在最重要的意义上使另一个受到怀疑的情况，同时运用这两个范畴并使它们彼此相对。确切地说，两者本身并不形成一种对立（如果假定它们形成对立，并试图决定它们的差异是否等于一种二律背反，或差异本身是否只是另一种矛盾，那倒是一种引人感兴趣的逻辑训练）；相反，它们意味着彼此的弱点，意味着固执于概念本身的一些怀疑。疑惑二律背反是否真的不是一种掩饰着的矛盾；怀有挑剔的想法，认为我们当作矛盾的东西真的与二律背反没有多大差别——这些互指的怀疑不仅不会伤害思想，甚至可能对思想有益。

说过这些之后，我将相应地组织我的“症状学”（symptomatology），并按二律背反是某种矛盾的一个**症状**来运作：这可能要预设一种多维度的模式或形象，也可能要对我们自己的时代提出一种多维度的概念。我们的时代——技术实证主义或经验唯名论的时代——是历史发展决定的一个时代，同样也是由选择决定的一个单维度或二维度的时代。这就是为什么那种深度形式（如果有这种形式存在，如像史前时期的怪物那样）倾向于以一种难以辨认之余像的、失真的单调性在表面上突显出来，以一种逻辑悖

论或文本不合逻辑的形式在会议桌上发光。我们不得不同时在这两个世界里游泳，学会在污染室里操纵遥控手套；假定一个地震
5 仪用细铅笔的精密的线条微妙地在图上把自己的运动刻画出来的本体的影子世界。

这些形象表明，关于矛盾概念的更深层的问题——一个无法解决并在二律背反概念周围没有任何东西与之对应的问题——是表现的。矛盾总是先于表现一步：如果你在它冲突的时刻展示它，你就会刻板地把它冻结，使它倾向于采取二律背反的形式。反之，如果你期待矛盾的解决，你就会使它失去它所有的否定性，使人们觉得像是一种操纵的选票、一种骗局、一种虚假的冲突，其结果已经预先作了仔细的安排。或者你也可以认为，每只脚踩在一个不同的、无法调和的世界的绝对事实（如安提戈涅对克里奥）意味着，一种要对那些特殊世界及其法则保持真实的表现，只能通过无法提供使两个世界似乎虚假地调和起来的第三种表现的语言，展示其资格并记录其真实性。不过，这种境况意味着说明矛盾的哲学语言将永远是不充分的，并且会引起正当的哲学上的不满。甚至黑格尔宏伟体系的一些阶段，也可能倒向中心张力的这边或那边，一方面似乎会强化一种戏剧性或历史性的基本上是叙述的场景，使之成为图像；另一方面或者会使它们缩减为那些同一性和差异的抽象，最终是二律背反的范畴而不是矛盾本身的范畴。

这样的倾向在当代思想里无处不在，它们可以被解释为我在前面说成是实证主义和唯名主义的后一种基本思潮的结果（这里不考虑两个主义之间关系的有趣的问题，而它们可以被分别视为客观的和主观的、系统的领域和主体的领域）。当然，人们总想
6 急匆匆地以当前的语言补充说，这种“解释”只不过是我们关于当前境况所能给出的多种叙述之一。但这是一个好的故事，通过

阿道夫·路斯（Adolf Loos）对建筑和设计中的装饰所作的臭名昭著的攻击可以看出它的先兆，因为在他的攻击中，这种图案装饰一方面可以被比作罪恶和反社会的，另一方面又可以被比作退化堕落的（这在那个时期仍然是个流行的概念）。实际上，在实证主义和实用主义之后，抽象本身开始被视为某种与装饰相似的东西：它是多余而不实用的，自我放纵的，“思辨的”和形而上的，是一种懒散的、不道德的悠闲和特权的迹象和标志。取消旧的名称，取消所有那些仍然带有普遍性或一般性的抽象，以更大的决心坚持经验和实际，诬蔑残存的旧事物是坏的意义上的哲学，即纯粹的唯心主义，但不因此而陷入一种同样玄奥神秘的唯物主义——这些是后现代的格言。它们曾是以语言的健康和纯洁为名的维特根斯坦（Wittgenstein）式的政治迫害的指南，但现在却像在你房角的超级市场交货那样毫不费力地在经济中传播着。

这是一种可能不大会成功的归纳，但它当前的统治地位不仅意味着大量表示经典哲学特征的东西必然消失，而且还意味着再不会有什么东西以同一范畴的抽象将一套唯名论和分裂的观点中根本不同的词语结合在一起。这就是当前的境况和危机，两种源于古代的大而不细的分类体系有可能于中重新出现，像是被压制的东西得到恢复似的。它们是一切抽象中最宏伟而又最空洞的，其早期（在西方）的体现，可以在对苏格拉底之前的世俗思想的早期形式基本不作区分中找到说明：它们是最刻板的同一性和差异性的范畴（康德和黑格尔把它们作为概念或**反映**的范畴），现在保存下来构成最后尚存的、进化的、概念的物种，乃因为它们 7
的优势是本身不提供任何内容，不进行任何哲学的走私，像技术或市场一样中立而不作评价。

这些是非辩证的范畴，你必须以某种暴力使它们弯曲走形，才能把它们用于黑格尔的“同一性和非同一性的同一性”。同一性和差异性毋宁说是二律背反本身的领域和范畴：通过毫不费力的、不要任何借口的彼此转换随时准备展现。由于它们不是辩证的，甚至不是受到抑制或瘫痪了的辩证的，所以最好以一种把弗洛伊德的（现代主义的）“原始话语对立感”的观念颠倒过来的方式来表现它们的特征，这引起我们注意一个独特的术语，如何通过词源学上的透视，证明在它自身内部，伴随着其原始的意义，载有后者的否定或对抗（最有名的，“heimlich”的意思是最熟悉的和个人的，结果竟也表示与“unheimlich”相同的事物，即最不可思议的、神秘奇怪的东西）。这里正好相反，正如那种特殊后现代二律背反的例子，即其中反乌托邦的东西转而在其最基本的意义上成为乌托邦的，恰恰是（我们将会看到）对立的东西转变成“相同”的东西。不过，在后现代的话语中，这种性质的悖论并不常常引起对整个范式重新思考的那种拨弄是非的恶意中伤或反常之举（一个星球不可能与它事先预测的轨道丝毫不差）。确切地说，这里它们提供了一切被称为当代理论（或理论话语）的日常概念，提供了对艺术状态中的思想训练，正如利奥塔（Lyotard）所指出的，这种思想训练并非与诡辩家演示的文字游戏和逻辑技巧毫不相关。

8 但是，下面我们将收集一些这样的悖论作为症状来考察，而不是对这种精神本身或其语言在结构上的无能做某种说明。这将采取简单地提出四种截然不同的后现代二律背反的方式，当然，对这些二律背反，人们可以自由地怀疑它们是否并非都是基本相同的东西——在本部分的结论里我们将返回来讨论这种可能。在四种二律背反里，前两种涉及康德的“超验的表现”，即时间和空间问题，我们一般都以历史的方式认为它是隐在的形式框架，然而这种框架会依照生产方式发生变化。于是，从我们倾向于考虑变化和永恒、多样性和同质性的方式里，即证明与空间和时间同样相关的方式里，我们可能会学到一些关于我们自己生产方式的东西。

因此，后两种二律背反似乎与我们幻想我们整个制度改革的可能性时所用的空间方式有更多的联系。实际上，第三种二律背反提出了严格意义上的自然主义问题，即自然和人性的问题，或者这种限制和约束不出现的问题；而最后一种二律背反，正如我所许诺的，提出了乌托邦（作为一切变化的目标）的问题，以及许多它的当代批评家和敌人的问题——今天这些人甚至比早期更热情地试图说服我们，使我们同意这确实是可能有的最美好的世界。

一

但是，今天时间是一种速度的功能，显然只有按照它的速率或速度本身才能理解：仿佛旧的柏格森（Bergson）关于量度和生命的对应，即时钟时间和生命时间的对应，已经与虚假的永恒性或滞缓的持久性一起消失，而若无这种持久性，瓦莱里（Valéry）认为一部作品本身的真正思想很可能消亡（他似乎在思想上已经认定了这件事情）。于是出现了某种没有对立面的变化 9
的观念，而这样说等于无助地目睹我们前两种二律背反互相交叠起来，因为从变化的高度不可能区分空间和时间，也不可能区分客体和主体。内心的时间（以及它的器官——“内心深处”的时间感）的消失，意味着我们从外部事物读出了自己的主体性：普鲁斯特（Proust）的旧旅馆房间，像老仆那样，每天早晨满怀敬意地提醒他他有多老，他是在度假还是“在家里”，还是在什么地方——就是说，它会告诉他他的名字，向他提供一种同一性，像是银托盘里的一张名片。至于习惯、记忆、认识，那也是物质的东西为我们做的（根据维里耶·德·理斯勒·亚当［Villiers de l'Isle Adam］的看法，其方式就像仆人照顾我们的生活起居）。主体性是一种客观事物，只要改变场景和背景，重新布置房间或在一次空袭中摧毁它们，就足以使一个新的主体、一种新的同一性在旧的废墟上神奇地出现。

不过，主客体二元论的终结——长期以来许多理论家都渴望过这种终结——本身隐含着复古的悖论，像是隐蔽的炸弹似的，例如维利里奥（Virilio）的悖论，它表明看似外部世界的速度何以本身是表现的需要的函数。也许并不是某种新的主体的速度观念，将自己抛到外部无生气的事物上面的结果，如像在古典唯心主义的旧框框中那样，而是与自然相对的技术的结果。器械——尤其是照相和电影器械——对现实提出它自己的要求，正如在海湾战争中那样，现实便争取实现这种要求（例如一个用慢转速拍摄而后用一般速度放映的片子，从中可以看到摄影师本人在一排已经摆好的面孔末端滑了进来）：“在加速移动的弥补过程中，相近效果的消失使它必然创造出一个模仿得完全一样的外貌，充分
10 恢复这一信息的三维性。现在，对军事指挥官的不动性的一种全息摄影的修补就会传递给观看者，通过不断地闪现使他的面孔在时间和空间里延伸，出现在这里和那里，出现在今天和昨天……这种时间顺序意义的缩微，先在闪回中显现，然后又在反馈中显现，它是一种军事技术的直接效果，其中事件总是在理论的时间内展开。”（Virilio，1989：59－60）

这样一种“被压制者的恢复”（无疑这是一个旧式的、现在相对而言是个隐喻式的名称）意味着取消主体并不会给我们留下客体，好像它真实存在似的，相反，它留给我们的是大量的仿真幻影。维利里奥的论点与今天其他许多人的论点相似，他认为电影才是真正去中心的主体，实际上也许是唯一去中心的主体：德

勒兹（Deleuze）式的分裂症只是一种伴随这种结构的混乱而矛盾的观念，而这种结构将先前的主体—客体极成功地吸收到它自身之中。但这提出了令人困惑的第二个问题：在那种情况下，开始是否有一个（处于中心的）主体，过去是否我们不得不等待，是否无聊与永恒同样是一种想象的虚构，是否有某个时间事物看似不变，在机器出现之前我们怎么办？芸芸众生都是草：古代城邦里的生命因其比现代城市中的任何东西都更脆弱、更短暂而使我们震惊，尽管我们应该记得现代的城市经历了那么多的变化。这仿佛是对更缓慢的持久性的一种暗示，它伴随着实际经历的现在，犹如一种视觉的投影，掩饰着一种只有在现时的框架之外才能看见的变化。

但是，这样说就是要衡量一种差距，使我们弄清楚在后现代的体制当中，一切与现代主义的形式设想和现代主义的“时间感”根本不同的东西。在后现代的体制里，先前的经典本身已经被揭示为纯粹的时尚，虽然更缓慢、更大世界的时尚，要经过车运船载，通过积累的时间，几个世纪才能跨越，就像通过一个黏滞性的环境，一点点慢慢地遗传下来，才能达到一种长时间形成 11
的习性，将它们的偶然性转变成一种富有意义的传统的必然性。对于世界上的人口，伯里克利的雅典语言再不可能比其他部落风格的语言更加规范（虽然很容易想象一种文化联合国安理会的运作，其中“伟大的文明”集中了它们各种古典的传统，企图提出某种更普遍的“人类的”经典准则），因此时间也变成了多元文化性的，而迄今封闭的人口统计学领域和工业动量领域则开始互相渗透，仿佛大量的人民和令人眩晕的速率之间有某种类似之处。于是两者都意味着“现代”在某种更新的、自相矛盾的关联中的结束，正如当新的风格因其激增而显得穷尽时，它们的培育者——个体的创造者、预言者、天才和观察者——突然发现自己因绝对的人口密集（如果不是因为没有实现民主的精神气质的话）而变成了不必要的。

于是，新的绝对的时间性与城市有着我所提及的种种联系，在那种情况下并不强调恢复关于城市本身的传统观念，以便使它的后自然性既适应通讯技术又适应生产技术，并且说明城市曾经在其上部局的几乎是全球性的、去中心的范围。现代仍然与城市人对乡下人的傲慢有某些联系，不论这是农民的地方性，或其他殖民化的文化，抑或只是前资本主义的过去本身。当现代技术无处不在，不再有什么乡下，甚至过去也开始像是一个交替的世界而不是这个世界某一不完善的、缺乏某种性质的阶段时，那种对“绝对现代”的更深层的满足也烟消云散了。另一方面，前几十
12 年那些“现代的”城市居民或大城市的人，本身也来自乡下，至少仍然会记着同时存在有不平衡的世界，他们能够用那种一旦现代化相对地完成（不再是孤立的、不自然的、令人不安的、突出而刺眼的过程）就变得不可能的方式来衡量变化。正是不平衡性和共生性才会在失落感中被记录下来，就像波德莱尔（Baudelaire）笔下巴黎缓慢的局部变化和毁灭，几乎完全可以作为他对时间消逝的经验的客观关联。在普鲁斯特的作品里，虽然这一切明显更具强烈的悲哀性（不论如何，比波德莱尔的作品本身要多得多），却已被主观化了，仿佛真正令人感到遗憾的是自我及其过去，而不是它的房子（但普鲁斯特的语言更清楚明白：“楼梯的侧墙——我在那里靠她闪耀的烛光上楼——早就不存在了”［I，36］，他的空间的情节构成同样也更加清楚）。今天，拆毁本身的意思和建筑的意思一样已被修改：它已变成一种一般化的后自然的过程，这一过程使人怀疑变化概念本身，也怀疑伴随变化的传统的时间概念。

在哲学和批评领域里，这些悖论也许比在美学领域里更容易

戏剧化，更不用说在城市居民的文化生活方式当中了。因为拆毁已经明确限定了现代知识分子的使命，即自从古代政体以来，他们便倾向于认为自己的任务是对既定的体制和观念进行批判和反对。从启蒙哲学一直到萨特（Sartre）（他被称作最后一个古典式的知识分子），即使不说更远的，还有什么更好的形象能表明文化知识分子这种有力的形式特征呢？这是一个似乎已经预设“错误”无处不在的形象，以各种方式定义错误，如迷信、神秘、无知、阶级意识形态和哲学唯心主义（或“形而上学”）等，其所用的方式表明，通过非神秘化的运作消除错误会留下一个空间，在这个空间里，治疗的焦虑与提高了的自我意识和各种意义上的反应联 13
结在一起，即使确实并不与“真理”本身联结在一起。沿着这种否定的传统，利科（Ricoeur）试图恢复知识分子旧的重建意义的使命，他把所谓“怀疑的阐释学”各部分共有的一切，从启蒙运动及其与宗教的关系直到解构主义与“西方形而上学”的关系，统统都鲜明地凸显出来，并首先强调马克思、尼采（Nietzsche）和弗洛伊德三个伟大的构成时期。对于这三个时期，甚至后现代的知识分子也仍然以这种或那种形式表现出共同的拥护。

因此，已经改变的也许是实现这些运作的领域的特性，正如在贵族和教士的古代政体社会与大众民主的工业资本主义社会之间的转换期远比我们认为的更长更慢（阿诺·梅伊尔［Arno Mayer］提出，前一社会的一些重要残余在欧洲一直延续到第二次世界大战结束），同样，知识分子实现现代化的文化革命的客观作用，在这么长的时间内也是进步的。但是这个过程本身，由于其自身长期存在的、实际是自我吞噬的能量，常常给观察者和参与者留下深刻的印象。并非只有革命才吞食它的孩子，从黑格尔对自由和恐怖的论述，到法兰克福学派把“启蒙的辩证”作为一种恶魔似的机器的冷酷理论，大量纯粹否定的看法都集中于灭绝一切超越的迹象（包括批判和否定本身）。

这种看法对于像我们自己这样的单维度社会似乎更加中肯。在这种单维度社会中，以旧生产方式的习惯和实践形式存在的残余已经被有倾向地消除，因此才有可能在意识形态批判本身的真正功能中假定一种修正或替代。这至少是曼费雷多·塔夫里（Manfredo Tafuri）的观点，他提供了一种关于先锋派知识分子
14 的机能主义的分析，其“反机制的阶段”本质上包含“对陈旧价值的批评”（70）。不过，这样一种使命的真正成功与资本本身的现代化斗争相连，“有助于准备一个打扫干净的平台，从那里出发去发现新的知识分子工作的‘历史任务’”（70）。并不令人惊奇的是，塔夫里把这些新的现代化的任务与理性化本身等同起来：“先锋派作为对社会行为的一种建议加以引进的意识形态，就是将传统的意识形态转变成乌托邦，作为抽象的最后发展阶段的某种预示，而这种发展与全球的理性化相一致，与辩证法的某种肯定的实现相一致。”（62）当人们明白塔夫里认为凯恩斯主义应被理解为未来本身的一种计划化、理性化时，他的系统阐述就变得不再那么神秘隐晦了。

这样看，在当代，非神秘化具有它自己秘密的“历史诡计”，它自己的内在的功能和隐蔽的世界—历史的使命，就是说，通过摧毁传统的社会（不仅是教会和旧封建贵族，而且最主要的是农民和他们的农业生产方式、他们共同的土地和他们的村庄），为大公司的经营管理而把地球打扫干净：准备一种完全“可以替代”的现在，其中空间和心智都可以随意加工和再造，具有一种“灵活性”，而忙于创造炫目的形容词来描绘“后福特主义”潜力的理论家，其创造性则因这种灵活性而难以为继。在这些条件下，破坏开始带有新的、不祥的城市主义的色彩，并开始含有开发者的思考，远超过以前对抗的知识分子的英勇斗争；另一方

面，正是这种对破坏本身的反对和批判被降低到了一种令人厌倦的教化，并由于它们将过时的思想生动地戏剧化而损害了自身，而那种过时的思想无论如何都是应该被废除的（“不论如何，出 15
现的东西是有价值的，但它已经消失”）。

这些现在是传媒的悖论，它们产生于批评发展的速度和节奏，也产生于一切意识形态和哲学观点本身在传媒世界中被转变成它们自己的“表现”（如康德所说的那样）的方式——换言之，即转变成它们自己的形象和漫画，其中可辨识的标语代替了传统的信念（信念确实已被迫将自己转变进这种可辨识的意识形态的观点中，以便在传媒市场上进行运作）。在这种情境中，把握保守的或残存的抵制新事物的方式的进步价值，比评价一系列表面上是左翼自由主义的观点更容易（按照塔夫里的模式，这些观点常常从功能上证明无法与系统本身的结构需要区分开来）。这种分析判断还投射出某种可能的音障幻景，像一条警示线在茫茫的天空模糊不清。实际上，关于人的有机体能承受多大速度这个明显的问题，在自然主义的复活中会发挥它的作用（关于自然主义的复活，在本部分第三节将会谈到），而新的事实本身也确实好像会暂时但却生动地将恩格斯（Engels）关于从量变到质变的旧法则（或至少那种“法则”的余像）戏剧化。

在这种形式里，我们必须提出的悖论是，社会生活各层面空前的变化速率等同于一切事物空前的标准化——感情与消费品一致，语言与建造的空间相应——而与这样的可变性似乎并不能调和。这是一个仍然可以被概念化的悖论，但采取反比的方式，例如标准性的概念，剧烈的变化由标准化本身来实现，事先制定的标准，从传媒到后来标准化的个人生活，从商品化的自然性到设备的一致性，处处都使神奇的重建随意地互相接替，就像分段的 16
录像似的。因此标准在一个信息世界构成客体的新的形式（新的具体化的结果)，这也是康德的观点。根据这种观点，原始材料按照类别会被突然组织成合适的统一体。

但悖论也会使我们重新考虑我们对变化本身的观念。如果我们社会的绝对变化由街面商店的迅速改头换面充分地表现出来，而激发起关于录像机商店被T恤衫商店代替时真正改变的是什么这样的哲学问题，那么巴特（Barthes）的结构主义的系统阐述就有许多可取之处，就是说，关键是区分什么是系统本身固有的、由它自己设定的变化节奏，什么是整个系统完全被另一个系统代替的变化。然而，那是一种恢复芝诺①式悖论的观点，它产生于巴门尼德②关于存在本身的观念，这种存在靠解释形成，但却不能认为它会在瞬间出现，更不用说在最短的时间内延续了。

对这一特殊悖论的"解决"，当然在于了解（阿尔都塞和他的门徒强烈坚持这点）每一个系统——更确切地说，每一种"生产方式"——产生一种对它特有的时间性：只有当我们接受一种康德式的、非历史的时间观，把时间作为某种绝对的、空洞的范畴，我们自己系统中奇特地进行重复的时间性才可能变成一个困惑的客体，并导致对这些旧的逻辑的和本体论的悖论作新的系统阐述。

然而在一个长时期内，继续为巴门尼德的看法所困惑也许不无其治疗效果。不论巴门尼德的看法对自然来说多么短暂，却完全可以认为它抓住了我们社会和历史阶段的某种真理：一种闪光的科幻小说似的停滞，其中一些表象（仿真幻影）虽然不断地产
17 生和衰败，但一切事物都没有重大的停滞，一切事物都有最短暂的闪光，甚至本体论的声望也有暂时的摇动。

---

① 芝诺（Zeno），公元前5世纪古希腊哲学家。

② 巴门尼德（Parmenidean），公元前5世纪古希腊哲学家。

这里，时尚的逻辑仿佛伴随着它无处不在的形象的多种渗透，已经开始以某种最终无法摆脱的方式，与社会和心理的结构结合并与之认同，使之整体改造进我们系统的逻辑中。因此与不断变化有关的经验和价值便开始支配语言和感情，完全像这一特定社会的建筑和服装那样，甚至不平衡的发展（或“非共时性的共时性”）所允许的相对主义也不再可理解，而关于新颖和创新的最高价值，则如现代主义和现代化对它的把握那样，因一种从外界看似乎稳固不动的力量和变化的稳定趋势而逐渐消失。

于是开始出现这样的认识：没有任何社会曾像当今社会这样标准化，人类、社会和历史的时间性河流也从来没有如此均匀地流动，甚至经典现代主义的巨大苦闷也需要系统之外的某种优势地位或幻想的主体地位，然而我们的季节具有后自然和后天文的电视或大众传媒的多样性，通过“国家地理”或“天气预报”等频道的形象的力量，成功地变成了人为性的：于是季节的大循环——在体育运动、新型轿车、时装、电视、新学年或开学等诸多方面——为了商业上的便利而模仿以前的自然节奏，令人难以察觉地重新发明周、月、年等古老的范畴，而丝毫没有法国革命历法创新的那种新颖性和狂烈性。

因此，现在我们开始感觉到的东西——作为后现代性的某种更深刻、更基本的构成而开始出现的东西，或至少在其时间维度
上开始出现的东西——是现在一切都服从于时尚和传媒形象的不 18
断变化，今后再没有任何东西能够改变。这是那种“历史的终结”复兴的感觉，亚历山大·科耶夫（Alexandre Kojève）认为他在黑格尔和马克思的著作里能够找到这种感觉，并认为它们代表了美国资本主义和苏联共产主义当中民主平等（以及个人的经济和法律主体的价值均等）的某种最高成就，只是后来才在他称为日本的“势利主义”中辨识出一种明显的变化，但这种变化我

们今天可以认为是后现代性本身（随意玩弄没有内容和实质的面具和角色）。当然，在另一种意义上，这只不过是彻底的旧的“意识形态的终结”，是在特别保守的市场气候里玩世不恭地利用正在消失的集体的希望。但是，历史的终结也是我们试图在这里突出说明的时间悖论的最后形式，即一种绝对变化（或者某种新的追随潮流的浮华意义上的“永远革命”）的修辞，对后现代而言，并不比由大公司制造的绝对同一性和不变的标准化的语言更令人满意（但也并不更令人不满意）：后者关于变革的概念，通过在建造的空间、“生活方式”、合成的文化以及心理安排等领域里使用的新词、标示语及其等同物得到了最好的说明。在绝对“差异”中坚持“相同”——具有不同建筑的同一街道，经过巨大蜕变的同一文化——等于推翻变化，因为自此以后唯一可想象的根本变化将在于使变化本身终止。但这里二律背反确实导致思想的停滞或僵化，因为除非取消这个系统，否则不能思考另一个系统的情况，最终会怀疑乌托邦想象本身，正如我们将在后面看到的，它被幻想成我们凭经验所知的一切事物的消失，从我们的
19 性本能力量的投入到我们的心理习惯，尤其是对消费和时尚的人为的兴奋。

可以肯定，巴门尼德的停滞或存在至少知道一种无法改变的事件，即死亡和一代一代人的交替：假定巴门尼德的幻影或幻觉系统是最近出现的，由我们所称的后现代性构成，那么一代一代人的时间性尽管以死中断，但除了采取回溯的方式并作为一种唯物主义的编史规则外，其结果是看不见的。然而死亡本身作为绝对变化的暴力行为，其非形象的形式——甚至不是肉体从舞台上腐烂消失，而是某种持续性的东西，例如环绕这个明显不变的世界而无始无终地散播的气味——既是不可避免的，也是没有意义的，因为一切用以解释个人死亡并为其定位（至少是为其幸存者

定位）的历史框架都已遭破坏。因此一种绝对的暴力——暴力的抽象——是某种没有时间或历史限制的、类似于这个世界的辩证关联物的东西。

但是，在结束这一节之际，最好谈谈这种时间悖论——绝对的变化等于停滞——与全球新制度原动力的关系，因为我们在这里还可以看到那种似乎支配着现代性、现代主义和现代化的一个更早时期的时间性的消失。因为在那个更早时期，大部分第三世界社会都遭到西方现代化某种渗透的分裂，这种渗透转而反对它自己——以那些截然不同的社会的各种各样的文化形式特征——形成一种一般可以称为传统主义的对抗立场：对一种文化的（有时是宗教的）原创性的肯定具有抵制被西方现代性同化的力量，实际上也比西方的现代性更容易接受。当然这种传统主义是其自身的一种构成，因为它是根据实行现代化的人的真实活动形成的 20
（在某种比现在普遍接受的这种更有局限、更具体的意义上，一切传统和历史的过去本身也必然是创造的和构成的）。无论如何，人们今天要肯定的是，传统和传统主义中这第二个反动的和反现代的条件，在以前的第三世界或殖民化的社会现实中处处都已消失。在这些地方，一种新的传统主义（如最近中国对儒学的某些恢复，或宗教上的原教旨主义）现在宁可被设想成一种审慎的政治和集体的选择，在其所处的境况之中，一种必须彻底重新创造的过去所留下的东西甚少。

这就是说，一方面，在第三世界的社会里，此后只有现代的东西存在；另一方面，也是有条件地纠正这种论断，即在这样的情况下，在那些只有“现代”存在的地方，“现代”现在必须经历后现代的重新洗礼（因为我们称为现代的东西是不完整的现代化的后果，必须对照一种非现代的残余来对它本身进行限定，而这种残余在后现代性里已不复流行——或者毋宁说，它的消失定义了这最后的情况)。这里,在社会和历史的层面上,现代化(以其多种资本主义和共产主义的生产论的形式)所允诺的时间性,同样也因一种新条件的好处而消逝。在新的条件下,那种旧的时间性不复存在,留下的是随意变化的一个表象,而这些变化又只不过是停滞,是历史终结之后的一种混乱。与此同时,通常所说的第三世界仿佛已进入第一世界的空隙,因为后者也在非现代化和非工业化,使从前殖民地的他性获得从前宗主国的某些中心化的同一性。

通过把时间的悖论扩延到全球范围,另外一些事情也变得清晰起来,一种第二次的悖论或二律背反,开始在第一次之后甚或
21 第一次之内使人感觉到它的存在。实际上,这里对时间性的空间特征的反复论述——从普鲁斯特到沿街商店,从城市变化到全球的“发展”——现在开始使我们认识到,如果确实后现代性具有某种基本的空间化的特征,那么我们这里根据时间性试图寻求的一切,必然需要首先经过一种空间的基质才能达致表达。如果时间事实上已被归纳为一种抽象死亡的最准时的暴力和最小的不可改变的变化,那么我们也许可以肯定,在后现代当中,无论如何时间都已变成了空间。于是,后现代描述中基础的二律背反在于这样的事实:这种从前的二元对立连同同一性和差异本身,不再是这样的一种对立,而且它不断表明自己曾以一种大不相同的方式、一种不同于旧的辩证法的前后投射的方式、一种从本质上改变经典辩证法的方式,与它的另一极相一致。为了找出这种二律背反的内涵,现在我们有必要转到另一种空间的二律背反(显然我们一直在和它的时间形式一起阐述),以决定空间性是否真正在主题上具有优先地位。

二

至少可以肯定，对立面中的一面必须通过另一面的修辞来表现自己的形式，或时间必须以空间的措辞来表现自己的形式，在这里并没有重现；对称或可颠倒的时间—空间的对立，在这种意义上也没有重现。看来空间确实不需要一种时间的表现。如果空间不是绝对不需要这种时间修辞，那么至少可以说，为了其他的修辞和符码，空间绝对压制时间性和时间的修辞。如果差异和同一性在时间和空间两者的二律背反中存亡攸关，那么在对空间的考虑中非常明显的差异，并不是什么对形式的时间理解中的变化 22
的差异，而是多样性和无限性、转喻，以及为了达到某种更有影响的、看似确定并包罗万象的形式的异质性。

历史地看，关于同质性和异质性空间的冒险做法，最常见的是根据投入不均衡的神圣和信徒数量来叙述。不过，至于所谓与它相反的数量，即世俗的数量，人们则认为是一种在后神圣的（postsacred）、商业人的时期向后的投射，旨在想象它本身是任何一种单独的事物或质量（或毋宁说是非质量）。事实上，这种投射认为，像世俗和神圣这样一种简单的二元论，从一开始就一直这样存在。因为可以设想神圣一开始就已经意味着异质性和多样性：一种不在的价值，一种超越，某种不能归纳为系统或思想的东西，不能归纳为同一性的东西，它不仅分解自己，而且分解与它相对的数量；不仅假定空间是正常的村庄，与地下精灵“污秽的”（列斐伏尔［Lefebvre］语）垃圾堆并存，而且假定空间是荒芜的不毛之地，是使许多自然表现的风景中断的贫瘠空地。因为按照定义，一定还有与权力一样多的神圣的类型或种类，而人们只有穷尽这些词语隐晦的古代联想，才会认识到像**神圣**或**权力**

这样的抽象，在面对以它们来表示的现实时，差不多与表示各种强度、引人凝视的**色彩**的抽象具有同样的表现力量。

这点也影响到风景画的意义，正如德勒兹或柄谷行人（Karatani）这些解释者常常提醒我们的那样，世俗的、色彩鲜明的风景画是非常晚近的发展。我不太想陷入像朗格（Runge）这样的浪漫艺术家的幻想之中，包括他用的植物的语言，但那些幻
23 想无疑是吸引人的，至少在它们以矫揉造作的形式（以其“花的语言”）在社会上稳定下来之前是如此。对于一个以某种方式有意义地组织安排并即将说出来的空间观念，对于一种明确表达出来但未能在命题、概念或信息方面达致最终转化的思想，这样一些看法在列维-施特劳斯于《野性的思维》里对前哲学的“感性科学”的描述中，最终找到了它们的根据和理论上的辩护。与此同时，在这位人类学家对太平洋西北岸印度的《亚斯迪瓦尔的史诗》的经典解读中，它们的美感至少达到了一种高潮，因为在太平洋西北岸的印度，从内陆冰冻的不毛之地到河流和海滨，各种各样的地方说着多种多样的语言（包括经济生产方式本身的语言以及亲属结构的语言），并发出大量明确表达出来的信息。

通过在先于概念抽象的文本中确定意义的原动力，这种分析有效地使旧的理性和非理性的对立（以及所有以它为基础的附属的对立——原始对文明、男对女、西方对东方等等）中和起来，于是多个层面同时展开，再不能纳入韦伯（Weber）的理性化、工具论思想，以及对狭隘的理性或观念的具体化和压制。因此它的特征应该是异质性，而在亚斯迪瓦尔的活动的风景里，我们可以继续将客体在感觉上的连接说成是异质性的空间。正如德里达（Derrida）在一篇后来被称作后结构主义的创始性文献中所明确指出的，列维-施特劳斯的分析仍然以某种方式集中于同源的意义周围：它未能触及最终的偶然性和不可决定性；它坚持为了可

爱的生活而依附于意义本身的特殊概念；在应该终止那种概念的情境里，它甚至不能达到巴赫金（Bakhtin）的多声部或众声喧哗的开放性，因为仍然存在一个透过它的多样性说话的集体机构——部落。

但是，那又会变成列维-施特劳斯无法达到真正的异质性，而 24
不是后者这一概念本身的历史性欠缺。关于这点，巴塔耶（Bataille）一生的著作表明，它存在于情境之内，而且像它于中产生并否认的超现实主义一样，是一种反对现代事态的战略反应。这会使人们感到疑惑，在同质性历史地形成之前，在赋予它一种特殊反对策略的价值和力量之前，异质性究竟能否意味着任何具有适当破坏性的事物。因此，必须描述的并不是多样性和超越性这种形式的威信，因为这些形式超出了理性的现代精神并对它进行指责，构成它们反对它的一些反应的价值，而现代精神对过去的投射又至多是一个可疑的、不可信的问题。确切地说，描述的首要客体是完全由那种同质性逐步使世界殖民化的过程，而对此进行挑战则是巴塔耶（和其他许多人）的历史使命，如征服倾向、同一性形式的安排，而这些只有依照事实才能使不合时宜的异质性和差异性的幻觉显现出经过它们安排并展开的那些事物的逻辑。

就空间而言，那个过程无疑可以比较精确地加以确定：它是这样一个时期，其中西方关于不动产的个人财产制度，代替了在它不断扩大过程中（或者在欧洲自身的形势下——它最初自发地从中逐渐形成）所遇到的种种土地占有权制度。然而，一种暴力的语言——本来完全适合这些替代并在今天的以色列这类驻领殖民地的进程中仍然可以见到，在东欧各种各样“向资本主义的过渡”中也可以见到——并不会传播这样一种方式，即一种法律体制代替另一种更常见的法律体制是一个认真计划和精心构想的政治策略问题（Guha，1963）。毫无疑问，当运用于土地时，这种暴力总是隐含在所有制这样的观念当中，但一种特别含混的情况
25 是，终有一死的人类、一代代消失的有机体，竟然都想象他们能以某种方式首先拥有“自己的”部分土地。土地占有权更早的形式（以及最近的社会主义的形式——同样因国而异）至少假定集体是永恒的管理者，土地的某些部分被置于集体的管理之下；同样，要解决那些社会关系问题，用表面上更明显、更易驾驭的那些以个人所有制和等同主体的司法制度为基础的社会关系代替它们，也绝不是个简单或容易的问题——在这一方面，今天的民主德国更像当年美国南北战争之后北部对被征服的南部的做法，而以色列人的定居常常使人想到在美国西部对土著社会的野蛮取代。

不过，这里的要点是，在引起异质性和同质性主题对立的地方，只能是这种野蛮的过程成为最终所指的事物：商业力量和资本主义本身产生的结果——就是说，纯粹的数字，现在被剥去它自己魔力般的异质性并被归为等值的数字——采用一张风景画的方式，将它展开，重新安排进以相同方块组成的地图坐标，使它处于现在以同样价值重新安排的空间，接受市场动态力量的影响。但资本主义的发展实际上极不平衡地分配这种价值，直到最后在它的后现代时刻，纯粹的思考作为类似精神对物质的胜利，或者使价值形式摆脱它从前一切具体或世俗内容的解放，至高无上地统治并毁坏在它早期发展过程中所创建的城市和农村。但所有这样抽象的暴力和同质性的后来形式，都产生于最初的地块划分，而这种划分将市场的货币形式和商品生产的逻辑重又转换到空间上面。

我们自己的时代也教导我们，应该将这种为摧毁旧的、习惯
26 的、集体的土地占有形式而重新安排空间中的基本矛盾（那种占有形式以宗教或人类学关于“神圣”或古代异质性的观念形式回

游到现代历史的想象之中)，视为我们过去同样称为农业本身的东西，那时它与某个农民甚或某些自耕农联系在一起。在一种后现代的全球体制当中，迄今占压倒性多数的农业人口有降到整个国家人口的7%或8%的趋势，在正在全面实现现代化的国家与在“发达”国家一样，处处都可以看见；而其中农民农业和传统文化之间的关系，也变得非常清楚：后者随着前者的消失而消失，而且除了以奴隶制为基础的地方之外，所有前资本主义的伟大文化都证明它们曾是农民的文化。(同时，迄今一直被认为是资本主义文化的东西——一种特殊的资本主义的“高级文化”——同样也可以被视为资产阶级模仿其封建贵族前辈传统的方式，也趋向于和他们的记忆一起被淹没，并和旧的古典资产阶级的阶级意识一起让位于大众文化——事实上，让位于一种特殊的美国的大众文化。)

但是，一种新的全球化(资本扩张超出了它早期在第二阶段或“帝国主义”阶段的限制)的真正可能性，依赖于农业的重新组织(由于农业技术尤其是农业化学和生物学的发明创新，有时也被称作绿色革命)，即有效地使农民转化为农业工人，使大的种植园或庄园(以及村庄飞地)转化为农业综合企业。皮埃尔－菲利普·雷(Pierre-Philippe Rey)确曾提出，我们认为生产方式之间的关系是一种交叠或连接的关系，而不是一种简单的替代关系：在这一方面，他提出资本的第二时期或“现代”时期——帝国主义阶段——在农业中保留着一种更早的前资本主义的生产方 27
式，并且不使这种方式遭到破坏，以辅助的方式对它加以利用，通过强化的劳动、非人的工作时间和工作条件，从基本上是前资本主义的关系中获取资本。因此新的多国资本阶段的特点是，以工资方式的劳动和工作条件清除了这样的飞地，将它们完全纳入到资本主义之内。至此，农业——文化上截然不同，在上层建筑里被认同为“自然的另一面”——现在变成了与其他工业一样的一种工业，农民也完全变成了工人，他们的劳动像古典资本主义那样以等价的方式被商品化了。这并不是说商品化在全球均匀地分布，也不是说一切地区都已同样地现代化或后现代化了，而是说，全球商品化的倾向比现代时期更清晰可见，更容易想象，因为在现代时期，固执的前现代生活的现实仍然存在，妨碍着商品化的进程。正如马克思在《政治经济学批判大纲》中所表明的，资本必然倾向于一种全球范围的市场，而这又是它最后危机的所在（因为进一步的扩张不再可能）。今天这一学说对我们远不像在现代时期那么抽象，它指出了一种观念上的现实，不论是理论还是文化，都必须马上将其提到自己的日程上来。

但是，这样说会导致抹杀世界范围的差异，传播一种幻觉，即空间的同质性必然胜过根据全球空间所想象的一切异质性。我想强调这是一种意识形态的发展，它包括在我们这个时期唤起的生态学上的担忧（污染以及相伴的后果也可以作为普遍商品化和商业化的一种标志），因为在这种境况里，意识形态不是虚假的意识，而是知识的一种可能性，而我们在想象一个超越全球标准
28 化的世界时的基本困难，恰恰是那种标准化的现实或存在本身的标志和特征。

这样一些意识形态的界限带有某种像是非理想社会的感情恐惧，因此它们要通过其他一些意识形态的可能性来补偿，而当我们不再把乡村而是把城市和城市生活本身作为出发点时，这些其他意识形态的可能性便显现了出来。当然，这是一种已经在科幻小说或乌托邦的传统中留下重要痕迹的对立：乡村乌托邦和城市乌托邦之间的对立，尤其最近几年，农村或部落乌托邦的形象（1985 年娥苏拉·勒瑰恩［Ursula Le Guin］的《总是回家》实际上是那些形象中的最后一个）被难以想象的（但仍以某种方式进行想象的）密集

的城市现实的幻觉所代替。密集的城市现实或者被公开置于乌托邦的日程之中，如像在萨缪尔·德拉尼（Samuel Delany）的《蝾螈的麻烦》中那样（或像雷蒙德·威廉斯［Raymond Williams］有先见之明的预言：社会主义如能实现，绝不会比这一切更简单，而是要复杂得多），或者被掩饰在一种非乌托邦的外表之下，但其更深层的性本能力量的兴奋无疑在精神上具有深刻的乌托邦性质（像在最新流行的“电脑朋克”中那样）。

不过，我们必须再次解决观念上的困难。由于失去了以前发生作用的二元对立的其中一个条件，我们陷入了这种困难。“自然”的消失——全世界乡村的商品化以及农业本身的资本化——现在开始破坏它的另一个条件，即以前的城市。今天世界的体制趋向于一种庞大的城市体制——倾向于更全面的现代化造成了这种趋势，但它现在已得到认可并以一种预想不到的方式通过通信革命及其新技术获得了实现：这种发展带来的直接物质幻象——从波士顿到里士满“蔓延”的梦魇，或者日本城市的聚集——都是彻头彻尾的寓言——城市本身的概念和古典城市的生活失去了 29
它的意义，似乎不再提供任何精确界定的研究客体，或任何经过特别区分的现实。相反，城市生活变成了整个社会的，这两者同时构成自己又失去自己，因为这个地球并不真正是它们中任何一个的对立面（如在更早的旧制度中那样），而是它们范围之外的东西，是它们向一种新的无限性的延伸。

从意识形态上看，传统城市界限和古典城市生活的消解所能实现的，是旧的意识形态和性本能力量的内涵在新条件下的一种移动、一种替代、一种重新安排。城市似乎总是保证自由，如中世纪的城市生活观念那样，城市是逃离土地、摆脱封建劳动和农奴地位、摆脱封建主专权的空间。根据这种看法，对于马克思所明确指出的“农村的愚昧”、农村风俗习惯的狭隘性、农村的地方性、农村固执的观念和迷信及其对差异的憎恨，“城市的空气”现在恰恰变成了它的对立面。这里，与农村压抑的千篇一律相对（不管多么不确切，农村也被幻想为性压抑的地方），城市在传统上允诺多样性和冒险，并且常常与犯罪相关，就像伴随着享乐和性满足的想象，不可能脱离越轨和犯法。

那么，当那种基本上是地方性的农村现实消失并变成标准化的，像以前的大城市（旧时这些同样的乡下人像渴望基本解放一样渴望到大城市去）那样听同样的英语、看同样的节目、消费同样的消费品时，又会出现什么样的情况呢？我认为这里正在失去的第二个条件——乡下的压抑、农村的愚昧——被保留了下来，只是被转换到了一种不同的城市和一种不同的社会现实，即第二
30 世界的城市和一种非市场或计划经济的社会现实。人们都记得冷战景象的巨大力量，在冷战结束之后，在市场宣传和修辞的猛烈攻势之下的今天，这种力量也许已经被证明比它在恐怖想象更活跃的斗争形势下更加有力。不过今天，这是对想象中的古典的第二世界城市的单调性的回忆——包括没有广告色彩的空荡荡的中心商场里贫乏的消费品货架，失去小商店的街道，标准化的服装时尚（在毛泽东时代的中国最典型）——这种回忆在私有化运动中仍然在意识形态上发生作用。简·雅各布斯（Jane Jacobs）认为真正的城市结构和街道生活与小商业基本一致的看法，不断在意识形态上重复出现，但没有任何暗示表明她认为这个判断完全适合北美或资本主义的城市。在资本主义的城市里，大公司以不同的方式迫使小企业消失，建造起由机构大楼形成的峡谷，根本没有任何城市生活的个人特征。

不过，这种作为第一世界特征的城市的退化，已经转变成一个被称作后现代主义的、独立的、意识形态的隔间。在这个隔间里，后现代主义在对现代建筑及其理想的一系列攻击中适时地获

得了它的地位。对于第二世界的城市，它的想象则被用来服务一种极不相同的运作，即用作对一个世界的视觉和经验的“类比”，这个世界完全由人的意图规划和支配，因此由这个世界产生机会的偶然性便被排除——由此冒险和现实生活的希望以及性力满足的希望也被排除。于是有意识的目的、“计划”和集体控制，被想象成与压制和拒绝相一致，与本能的匮乏相一致，正如在后现代的有关辩论中那样，第二世界城市装饰的消失——仿佛不情愿地实施阿道夫·路斯的计划——可以作为一幅尖刻的漫画，表现 31
一个革命社会清教徒式的乌托邦的价值（正如在另一次运动里，它曾表示高度现代主义同样清教徒式的乌托邦价值，而在东欧某种新近的理论里——特别是格罗伊斯的《斯大林的总体艺术》——它以指导和揭示的方式与这次运动有着明显的联系）。

在这一特殊意识形态的策略中，只有其空间特征才是新的，当然，是埃德蒙·伯克（Edmund Burke）首先提出了伟大的反革命的形象，按照那种形象，人们有意识地、集体地做的事只能是破坏性的，是致命的傲慢的一种标志：只有缓慢地、“自然地”发展的传统和机制，才被相信能形成一种真正的人类世界（一种对意志和无意识的意图的深刻怀疑，而这种怀疑在美学中演化成某种浪漫主义的传统）。但是，伯克对雅各宾派的开拓性攻击，针对的是市场社会本身中产阶级的构成和形成，而对这个社会的商业主义，它基本上表现的是一个旧的社会构成在其被取代过程中的恐惧和焦虑。不过，为了维护市场社会——在某种程度上它现在被认为是“自然的”并深深扎根于人的本性——今天市场社会的人们会调动同样的幻想。他们这样做旨在反对人类普罗米修斯式的努力，即力图将集体的生产置于自己的手里，并通过制订计划支配或至少影响并改变他们的未来（在一种后现代性里，这似乎不再有什么特殊的意义，在这种后现代性里，对未来本身的真正经验已经开始削弱，如果还不至于缺乏这种经验的话）。

但确切地说，这是意识形态和想象的背景，依靠这个背景，才能把当代资本主义的城市作为一种几乎是巴赫金式的对异质性的狂欢来推销，作为对差异、性力亢奋和极度个性的狂欢来推销，而极度的个性通过个人的极度消费有效地破坏了旧的个人主
32 体中心。现在，关于乡间的痛苦和被弃的联想或暗示，关于小资产阶级贫困的联想或暗示，以及关于文化和性力狂欢的联想或暗示，在我们关于第二世界城市空间的印象中被系统地赋予了新的内容，它们被强行用作反对社会主义和计划的论据，用作反对集体所有制和想象中的中央集权的论据，同时它们也作为对东欧人民的强有力的促进因素使他们投入西方的消费自由。考虑到所面临的困难，这是巨大的意识形态的成就，它提出由社会团体以否定的方式集体控制他们的命运，并赋予那些自律形式以所有的担心和焦虑、厌恶和性力恐惧，亦即弗洛伊德所说的逆投入或反精神宣泄，而这必然构成任何成功的反乌托邦思想的主要效果。

因此，也正是在这一点上，关于这里讨论的二律背反的空间形式的一切最自相矛盾的事物都变得非常清晰而无法避免。如果我们开始问自己：历史上最标准化的、最一致的社会现实，何以能通过纯属意识形态的简略闪现，或者说最难发现的替代，像绝对多样性和人类自由最难想象与分类的形式的油彩丰富的光辉那样重新出现，那么我们展示的概念就会更鲜明地显现出来。这里，在一种互补的运动中，同质性变成了异质性，其中绝对的变化变成了绝对的停滞，而真实的历史丝毫没有改变，虽然这历史曾被认为就要终结，但在这里却显出最终要实现。

三

但正如可能预料的那样，“自然”作为社会空间以其传统形式的消失，在某种程度上也在整个事物的另一面恢复了被压抑的另一种“自然”。可以想象，这种再现会产生一些悖论甚或二律 33
背反，它们无疑与先前的那些对称，但却具有完全不同的特征，并导致大不相同的后果。因为“自然”的问题——“自然”的概念问题——深深寓于两种颇有影响而又密切关联的当代意识形态定位的核心，不仅在哲学领域如此，在更一般的见解中也是如此。由于它们本身并不真正是哲学运动或学派，实际上人们很容易把它们说成关于见解本身所取观点的某种新的见解——我指的是反基础论及其远房亲戚反实在论。事实上两者都集中于“自然”的问题。这首先可以从科学研究的客体上进行考虑，围绕它可以构成一种保证知识的哲学认识论；其次可以在人的本性意义上进行考虑，其特殊的多样性可以进行规范的演绎归纳（因为在它与世界和存在以及和非人性客体的关系中，关于本质的学说是亚里士多德［Aristotle］式的，可以说由于那些真正的——现代的——认识论的形成，这个学说已经遭到怀疑和破坏，而反基础论的任务反过来又对这些认识论进行挑战和破坏：在理查德·罗蒂［Richard Rorty］的《哲学和自然之镜》里，这种情况常常极富戏剧性地以范式的方式显现出来）。诚然，“自然”在这两种截然不同的语境里的普遍存在，需要作为一种富于意义的征象来分别讨论，即使不是作为任何确证来说明两种观点真的都有同样的问题。

通过回忆现在实际上已被忘却的存在主义哲学的冒险，它们的密切关系可以用另一种方式来表明。萨特的存在主义以一个共

同的问题把两种观点结合了起来——实际上，它的基本的哲学政
34 治在马克思主义和另一种“政治”之前就已出现。因为萨特存在主义的第一次伟大运动从正面对“自然”的概念提出了挑战，并特别证实了不存在像基本人性那样的东西，正如我们今天可能说的那样，一切实质都是被人“建构的”。对先前存在的精神、性格或超验的规范等观念的任何要求都会遇到警惕和怀疑，而**规范**——极其特殊地在这种或那种人性概念的伪装之下——是那种自从远古以来就有的切割工具，依靠它，不正常和软弱、女人气、变异，或者边缘、罪孽和病态，从被视为永恒和自然的社会秩序中分离出来。无疑，萨特比海德格尔（Heidegger）更有效地使我们认识到这一伟大的教训，因为很难把对这样一些问题的任何重要的考虑归于海德格尔。这一教训后来发展成一种自我对其他的完整的辩证法——更确切地说是一种受约束的辩证法，它一方面在西蒙娜·德·波伏娃（Simone de Beauvoir）的女权主义中得到了丰富的延伸，另一方面也在弗朗兹·法侬（Frantz Fanon）对殖民主义和种族的分析判断中得到了延伸，直到在福柯（Foucault）的作品里才达到了某种稳定（还不能说具体化），而这种稳定本身又产生出新的悖论。因为，对自然自我的肯定所产生的这种压抑效果倘若被视为一种意识形态对立的组成部分，那么就会出现一个关于那种神秘的其他条件或“其他”本身的性质的新问题。这种“其他”使我们进入一种漫无止境的反映游戏，一座没有尽头的镜子和视觉幻象的房子，于中对某些最终的、基本的、他性的追求，胜过萨特对资产阶级标准性所作的相当不同的批判。即使伟大的萨特对人本性观念的抨击应该甚至必须因每一代新人而更新和发展，上述情况也说明了为什么存在关于某些口号——如“反实在论”和“反基础论”——的误导。“反实在论”和“反基础论”意味着将反标准的偏见或哲学习惯转变

成一种依据自身的标准，转变成一种崭新的、广泛接受反对意见 35
的哲学观点，因为它本身已经变成了某种教条的基础，并开始含有某种新的人类本质的东西。尽管这种温和的反对无疑是真实的，但我觉得它并不像其他关于这些新的哲学价值的观点那样富于意义。那些观点提出了关于可能性的历史条件的问题。

实际上，如果我们遵循利奥塔的方式，在考虑两种策略时都使自己习惯于不采取哲学姿态，而是根据欲望——称作反基础论的欲望、反实在论的欲望——来考虑，那么我们就能更好地将这些观点暂时搁置起来并转向更富历史意义的问题，即在当代社会中，知识分子或社会各个阶层为什么发现新的伦理见解既适宜又有用的问题。这是唯一一个能使我们增强集体性的自我认识的问题。

确实，正是通过美学里的同类“欲望”，我们才能更好地把握这一哲学抱负的特征，用尼采的话来说，这是危险地生存的抱负。它试图不要根据或预设地思考，以特殊而无系统的方式处理问题。在美学里，所有这一切——看上去将非常不同——可以说采取的是“纯”艺术作品的理想形式，这种作品只是形式，它以某种方式吸收或排除了一切是内容的东西。“使我觉得美的东西，我想写的东西，”福楼拜（Flaubert）在其著名的致路易丝·科莱（Louise Colet）的信中写道，“是一部不写任何事物的作品，一部无外部联系的作品，它由纯属自己风格的内部力量聚合在一起，恰如空中悬浮的灰尘没有任何支撑它的力量，它是一部实际上没有任何主题的作品，即使主题可以被想象出来，至少在作品中实际上是看不见的。最美的作品是包含内容最少的那些作品……”（1852 年 1 月 16 日）在那种情况下，一切事物都取决于在这种新
的美学情境中，即后来的现代主义中，人们认为素材或“内容” 36
意味着什么；它在作品中的存在，在作品中的延续，为什么会被

认为是一种艺术的缺点或瑕疵，随着对其有争论的消除设定了全新的审美程序。全面回答这些问题会把我们引到现代主义本身的真正核心，使我们对某些典型的制品作出更充分的评价。例如马拉美（Mallarmé）作品中的独立句法，一个句子单凭自身就变成一种完整自足的事物；又如密斯（Mies）的结构的透明性，其中存在着经过提取的残余和柏拉图的围墙或框架的余像，好像是最稀薄的阴影或瞬间瞥见的昏暗。不是创新而是禁止，以及最严格的戒律和方法论程序的产生，才是这种现代目的论的关键，尤其是形成看似专门针对一般内容的某种特殊禁律的关键。

这种现代主义禁律的更深刻的根源，在卢卡奇的《小说理论》里可以找到一种预示的线索。这部作品集中于形式问题，而这些形式问题产生于小说必须作为一种开放的或未确定的叙事对各种不同社会内容的加工，尤其产生于个人生活的那些部分，它们本身并不怎么“富于意义”，因此不可能被吸收到小说能够获取的形式格局之中：这种判断是否完善无关紧要，因为**富于意义**在这里只是表示不能作为形式纳入小说的东西。卢卡奇的讨论告诉我们的是“内容”是偶然性本身的残酷事实：在某种程度上，内容是个人生活中一切偶然的事物，现代主义美学力图把它像炉渣一样抛弃，以便使某种“纯粹的”作品或形式能够从这一过程中产生出来。不过，偶然性在这里还不是各种存在主义的荒诞性，还不是根本没有意义的东西，相反，它更接近于亚里士多德
37 的个人自足性或实质的反映，正如福楼拜信中的词语本身所告诫我们的——本身即是意义或富有意义的东西，以其自身方式存在，是不需要外部或外在解释的东西——对新的现代主义美学来说，只有**那种**东西才是偶然性的对立面。

因此，确切地说，内容是一系列的外部解释（包括因果关系但不限于因果关系），在现代主义语境里是偶然性的美学标志。

这样说是为了能够把现代主义的冲动理解为对个人经验统一性的象征期望（根据其自身条件完全可以理解），其可能实现的条件是旧的传统社区或群体的消解和个人主义及反常状态的出现。只有这种孤立的个人，在失去他们曾被置于其中的旧的家庭或村庄结构的情况下，才能为纯粹的作品或超越偶然性的小说形式提供足够的素材（正如让·勃里［Jean Borie］在一部经典作品中所提出的，这种孤立的主体性必定是一个男人和一个鳏夫的主体性，因为妇女在那种情境里仍然深受语境的束缚）。后来当公众本身被纳入分析时，这种判断便被转向信号和符码（例如萨特所做的，或罗兰·巴特在《写作的零度》中所做的那样），使作品可以为一个特定的群体所接受和理解，并由此排除其他的群体。于是内容在这里被视为属于一个特殊群体或阶级的标志，而梦想一部没有内容的作品则是一种乌托邦的想法，其中纯粹的作品——现在有些像巴特的白色或漂白的写作——可以不分阶级地以一种普遍的方式发生作用。

在这种语境里，代替没有基础和本质而行事的哲学计划——诚然是一种后现代而非特别现代的计划——似乎具有启示性和启迪作用。在审美意义上，对哲学话语而言，“内容”的等同物可以置入那些“绝对的预设”，R. G. 科林伍德（R. G. Collingwood）认为这种预设是哲学的任务，在任何时代都应发掘并突出这种预设。这一 38
限定形式问题的特殊方式，其优点在于科林伍德理解绝对预设时所用的那种仍然相对传统（或现代）的方式，就是说，这不可能或绝不会是一种取消那种预设的问题，一切思想和行动都基于这样一些深刻的意识形态、信仰或认识，哲学家的任务就是要揭示并阐述它们，由此在某种意义上提供对它们的辩解并在意识形态上为它们辩护。但是，这样说等于在鼓励一种更先锋的哲学态度，按照这种态度，显然下一步就是要完全取消这样的预设，以高度的启蒙精神消除对继承的观念和态度的无限迷信。

因此这是在哲学的现代主义里（如果我们可以认其为哲学的现代主义的话）可以看到它逐渐形成的一种运动，对此人们渐渐开始感到——从尼采到现象学，从维特根斯坦到实用主义者——如果能轻装前进，将那些包袱抛在后面，不受继承的预设或无意识的预设这些外来因素的拖累——不考虑酒里的渣滓或酒糟，不想你口袋里的钱包、你拥有的房屋和你仍然要付的账单——那么他们就会取得某些成果。罗蒂的反基础论首先是后现代的，其方式是把这些倾向形式化，在互相连贯的一对孪生计划中将它们集中起来（可以象征性地认为维特根斯坦和海德格尔、杜威［Dewey］和德里达是特定的先驱），取消对主体性本身的分析，同时也取消哲学体系中相关的观念。不过，他的作品仍然含有这样的意思：按照科林伍德的想法，你可以写这种“预设”形成的历史，就像康德那样，主体的观念以回溯的方式使“哲学的历史”成为可能（罗蒂认为，这是几个
39 世纪以来在哲学讨论中假定基本连续性的一种错误和一种意识形态）。然而，他又奇怪地对人们写这种哲学史（一种关于幻觉可能性条件的共时性历史，而不是康德的历时性历史）的方式含糊其词——在这一点上，他与科林伍德同样含混，很难判断一个了解绝对预设的哲学家是否会突然变成一个历史学家，而不只是为他自己时代的绝对预设进行辩护的又一个代言人（但也许那些人最初就是历史主义者）。

从现代到后现代，从杜威这样的实用主义者（他仍然有一种体系或方法，即使只能被称作“解决问题”的方法）到罗蒂企图使自己彻底远离哲学机制，哲学观点的发展提供了一种轨迹，它可以按照社会条件来理解，可以理解为后现代性当中一种新的、失去中心的个人主体走向更大的个性化的运动。

因为在更早的时期，如维多利亚时期或第三共和时期，这样

一些使思想脱离其“内容”的努力——叶芝（Yeats）的“精神的气球”极力与系住它的东西脱离并砍断它的绳索——与消除旧的前资产阶级的生活方式的残余内容有关，并且与启蒙运动的“现代化”相一致，旨在拆除乡下的教士学校并保持农民的执拗气质。这在很大程度上符合启蒙运动的精神，因为，正如阿诺·梅伊尔告诫我们的，在现代化和资产阶级远未取得社会统治地位的情况下，宗教仍然是过去那种束缚意识的象征，“心灵”仍然被视为使现代意识陷入混乱的某种事物。

存在主义阶段以其各种形式构成后来这项计划的某种变化，但处于一种新的社会境况之中，其时出现了对工业组织和工人阶级民主的更先进的看法，甚至中产阶级的启蒙思想也开始被认为 40
是一套预设和偏见，应该破除它们本身的神秘性并将它们消除。在这个时期（正如萨特自己从存在主义到马克思主义的轨迹所表明的），辩证法被认为是一种与它的内容相一致的形式，它可以在其取消阶级和群体“内容”的基础上获得某种普遍性。

“历史的终结”的论点——它已经被推进到说明为什么这不再是我们自己的历史境况——在我看来是一种发展的征象，其中辩证法经历了所有其他哲学或意识形态概念在后现代时期的命运，而相关的“意识形态的终结”所达到的程度，则是所有那些概念的预设和那种常常被视为“意识形态”的精神稳定因素，不再是社会秩序本身再生产的主要方式，也不再是支配其运作结构并使之合法化的主要方式。正如阿多诺（Adorno）后来认为的那样，如果当前的社会根据实践和习惯再生产自己，如果技术统治和用户第一主义不仅不再需要形成概念的基础，而且旨在完全消除隐含在观念和概念之中的最后残存的距离——换言之，如果某种彻头彻尾的后现代的实证主义（看上去不再像它的第三共和时期的前辈）已经取代了今天的哲学和意识形态的合法地位——那么意识形态的批判就失去了它的使命，而对思想错误的究根和修正，并不像完全消除哲学活动那样是一种急切的意识形态和政治活动。

正如在塔夫里的怀疑解读中那样（他把现代主义的非神秘化和意识形态批判阶段，或“怀疑的阐释”本身，解读为一种共同资本主义的“理性的策略”，而这种资本主义既需要消除过去的思想残余，也需要消除过去的社会残余），我们在这里也可以冒险对后现代的反基础论作一种解读，即把它当作一种重复后期实
41 证资本主义原动力的策略，而不论它在其他方面多么想破坏这种资本主义。于是，它试图使我们回到空间和城市的类比，并在某种被称作反基础论的欲望中看到一种原动力，一种颇像在经济生产和销售中，尤其在清理库存的驱动中所谓的后福特主义的原动力。

实际上，后福特主义的理论通过说明这些技术赋予产品的新的灵活性，试图对今天由控制论和计算机化所形成的工业生产进行限制。诚然，福特公司曾提供一种通用产品，但这种产品缺乏可变性，大量进入福特消费系统的人必须消费完全一样的黑色汽车，正如后来在更国际化的发展中，资本主义的福特主义阶段强行将完全一样的西方商品销售到各种外国市场，而不必在文化上与那种特定的消费协调一致。但是，在后福特主义当中，在已经被广泛称作后现代的市场当中，控制论和信息技术使产品可以在最细节方面都按照消费者的文化需要和规格来定做；与此同时，同样的通信技术又允许一种能够清除实际库存的新的供货体制——库存不仅占据有价值的地产空间，而且在式样迅速变化的形势下有可能变成过时的东西。这些新的发展在意识形态上也是有益的，因为它们使重点从生产本身转移开来（值得探讨的论点是，生产率现在可以被看作与一种旧的、已经过时的、基本上是

工业生产的现代形式相一致)。它们还模糊了三个范畴中的另两个范畴，即销售和消费，从而使新的销售方式（后福特主义作为一个概念的基本定义特征）作为一种意识形态的价值可以有效地进入消费和市场的修辞。

无论如何，后福特主义的多样性和销售的观点——尤其就其 42
克服了旧时昂贵的仓库空间和更老的仓库建筑而言，就其出现减缓土地投机的批发商店并显露出更传统的城市的遗址和残余而言——似乎奇怪地与更富理智的灵活性和反基础论理想的策略性消除恰相一致，因为它对一种思想的看法没有基本原则，可以用不经中介的技术统治的方式直接处理手边的事务，没有偏见，没有精神储备，也没有棘手的意识形态的库存。

这并不是说，后福特主义在思想领域里比它在后期资本主义更切实可行，也不是说它最终不存在矛盾，因为内容的问题并不会消失，实际上它会摆出新的深刻性的姿态，因为自由主义或社会民主再次被迫历史地面对只能被认为是某种类型的法西斯主义的东西。这是一个至少可以回溯到萨特的存在主义的哲学问题，它已经消除了本质和人的本性，虽然仍是一种哲学体系，但却首先取得了反基础论的地位，所以它亟须说明为什么英雄法西斯主义的自由选择，作为一种承诺（或约束）形式将不像其他事物那样在哲学上是站得住的。

当然，大部分经典存在主义的“解决办法”都是经过修正的康德的办法：范畴规则的观念确实为我们提供了一种形式主义的最佳范例，它试图通过将自己的形式作为所选择的伦理态度的寓言，赋予它自身以内容。因此，在康德的著作里，道德法的观念被认为隐含着普遍性，并因此要求像对待自己一样对待他人；在萨特的著作里（至少在萨特伦理的最初尝试中），自由的事实被
认为导致对他人自由的某种基本的承认，而这反过来会排除一系 43

列的行为（例如法西斯主义或霸权统治）；在哈贝马斯（Habermas）的著作里，交往范围的首要性被认为隐含着首先从根本上承认交往本身的必要性，并因此承认以平等的方式努力理解我的对话者的必要性；在拉克劳（Laclau）或墨菲（Mouffe）的著作里，可能存在的能指符号群组之间的活动性，被认为隐含着消除与单独一组相联系的任何特殊的内容，并因此被认为构成对政治民主原动力的一种承认。但是，在所有这些情况里，恰恰是一种深刻的形式主义的态度决定着解决方法本身的策略，它不可能存在于具体内容的领域——如历史境遇的领域，具体群体的价值领域或特殊选择的领域——因此必须被转换到更合逻辑的运作，从哲学概念本身特殊的形式特征中推断出某种看似内容的东西（一种具体化的伦理或政治）。

在卢卡奇的《历史与阶级意识》里，通过对比可以看出一种完全不同的策略，其中哲学和概念的界定——主体（资产阶级知识）商品化和客体商品化之间的对立——以社会的方式加以验证，而商品化的某种自我意识的具体形式，则与一个特定的阶级即工业无产阶级相对应。相反，在让－弗朗索瓦·利奥塔的《力比多经济学》（*Economie Libidinale*）里，对立的策略完全模糊不清，而且以某种蓄意挑衅的态度不无恶意地断言，一切欲望和政治观点“本能地相同”。在另外一些体系里，有人提出左右之间一种结构上的差异，由此（例如在德勒兹和迦塔里［Guattari］的著作里）右翼的欲望被说成具有妄想狂的特征，而革命的欲望则被说成具有精神分裂的特征，但是大部分这些有差别的解释都带有像是事先拼凑的危险。我自己的“解
44 释”——常常被认为像利奥塔的解释那样令人反感——肯定一切集体经验的乌托邦特性（包括法西斯和各种种族主义的经验），但强调对于与某个特定群体的密切关系需要作一种存在主义的选择。因此，根据这种非形式主义的观点，社会的团结一致必定先于伦理政治的选

择，而不可能从它推论出来。

在这些各种各样的解释当中，卢卡奇的解释——尤其当人们强调与前面描述的小说观的密切关系时——最接近一种辩证的非形式主义。其中，在某种特定的社会内容和充分发展的群体或集体的构成之间，假定存在着某种程度的和谐，但是，这种和谐不能简单地在抽象中选择，而必须在具体的历史发展中形成。不过，在当前的语境里，重要的并不是这种解释，而是形式主义的冲动——或者说形式主义的诱惑——和反基础论本身之间的关系，这种关系在许多方面都是它的最高形式，即使它经常通过完全放弃问题而达致其形式的纯洁性（像利奥塔那样）。

因为可以肯定的是，真正的新实用主义若要对群体伦理或政治的性质和理论检验问题加以论述，唯一合乎逻辑的方式就是放弃这种作为抽象和虚设问题的特殊渴求，根据问题的价值及其所处的语境（如果这样的东西能想象出来）来处理每一个问题。然而罗蒂也常常试图提出某种更深刻的意识形态的关系，即他自己的哲学观和政治中某种自由主义或社会民主之间的密切关系。也许他可以表明这种或那种“基础论”与这种或那种非自由主义或反自由主义政治之间的密切关系，但很难看出他如何能不求助于我已经说过的形式主义策略而达到相反的、肯定的论断。

至于反实在论，它也经历了一种类似的形式和内容的转换，在各种女权主义的观点中尤其如此，因为它们在一种女权主义的实在论（不论是不是“策略性的”）——妇女在她们的主体性和 45
她们的写作方面，在她们的感情方式和行为能力方面，根本不同于男人——和一种反实在论的平均主义之间转换变化，而平均主义的目的是破坏被片面断定为妇女独有的东西，以便达到一种无视性别的、民主的社会平等。但正如保罗·史密斯（Paul Smith）所论证的，女权主义表现出对一种意识形态领域的哲学兴趣，其中这样的对立并不能得到解决，而且任何观点都不能够舍弃而同时又不致引起政治和社会方面的损失：妇女确实有独特的经验，对任何人来说，要压制这种经验就要整个地失去历史的内容，但同样清楚的是，对平等的要求也绝不能放弃。因此，戴安娜·福斯（Diana Fuss）认为，在这些观点之间转换既不可避免又合乎需要，而保罗·史密斯更明确地提出，两者必须同时保持（由于某种原因，这些作者都没有求助于辩证法）。所以，想象女权主义可以是唯一一种反实在论的运动将是错误的，但同时人们又极想知道：是否某种像史密斯所提的那种不对称的共存，某种由看似处于形式主义事业核心的外在事物和内容所引起的严重不纯和污损，也不可能由反基础论本身创造出来。

但是，如果这样一种结构是可能的，那么只有根据与反基础论相关的二律背反才能想象出来。概述二律背反是本部分的任务，但它的另一方面我们迄今尚未触及。不过，通过从整个后现代性中系统地抹去“自然性”，我们一直在为它的出现进行准备：不仅把传统的农业生产改造成工业生产，而且还强烈地意识到，这个时代的同一性和传统远非自然的，而是被“建构”的。实际
46 上，对于符号和象征、信息、思想、价值、文化表现和情感的非自然的、任意性的结构，或者说对于构成人类世界的一切事物的非自然的、任意性的结构，信息技术都已经表现出微妙而广泛的敏感性，在其背后，旧的自然世界的物质被动性和对抗性已大部分被抹去。因此，“自然”无疑是任何反基础论或反实在论的最大的敌人：不论是本质还是公理，不论是终极设想还是形而上学，也不论是限度还是命运，自然对于任何可以假定的东西都是强有力的最后的条件和内容。消除“自然”的最后残余以及自然性本身，无疑是一切当代或后当代、后现代思想的隐蔽的梦想和渴望——即使它是后者以“自然”本来就不曾真正存在为隐蔽条

件而想象的一种梦想。

因此，在这个时刻必须看到，后现代性也是自然非常引人注目地“恢复”的时刻，但绝不是在符码或象征的意义上被压制事物的回归。我在这里的论述中略去了女权主义和宗教的原教旨主义，因为两者都可以以更复杂的方式表明是后现代的，而任何偶尔对自然或形而上学和传统的再肯定，在二者完全被建构的角色上，都总是以一种矛盾的后现代的透明性来完成的。但是，毫无疑问生态学完全是另一个问题。虽然它对自然范围的再发现和再肯定是后现代的——在消除现代化的现代主义和伴随早期资本主义而出现的生产主义精神的现代主义的程度上——但它同样也必须拒绝任何自然观念本身隐含的普罗米修斯主义，即人类历史的另一面，以某种方式由人构成的一面。因此，反基础论何以能与一种自然观念的强烈的生态恢复共存，乃是处于我视为基本后现代二律背反核心的重要奥秘。我不怀疑这种共存，在我们周围到 47
处都可以看见这种正在发生作用的共存。不过，正如我将尽量表明的那样，这并不一定是一种单纯的共存，完全不想把生态学已经重新发现的真理置于困境，或者把我们与星球的灾变性关系所最终唤醒的改革焦虑限制到最低。

我们首先必须知道的是，这种特殊的“自然”——其强烈的变化最终使我们认识到工业资本主义和整个现代化的进取性——是否在某种程度上被认为以某种方式与那种旧的“自然”相同，因为一切启蒙思想和后启蒙思想（post-Enlightenment thought）即使不是消除后者，也都极力使它归化。阿多诺、霍克海默（Horkheimer）的《启蒙辩证法》好像以一种生态学和后现代的方式肯定了这点，但在其后并不是没有放弃普遍的科学，使社会革命和体制变革的重要性——在那部著作中仍不时受到称赞——受到怀疑。如果不只是更高度的资本主义——虽然属于一种技术上更复杂、更全球化的资本主义，那么在马克思所说的“自然”(naturwüchsige) 生产方式之外还存在什么呢？于是关于自然这个词还有另一个问题，即在什么程度上（前面已经提到）它必然以某种方式也引致一种人类本性的观念，虽然这种观念本身不会被确切地说明，但却必然隐含在那个不可避免的、伴随出现的范围的观念之中，而范围的观念很难与生态学的基本特性分开。关于一种新的后艾滋病（post-AIDS）的自我约束的观念，一种必须针对自我及其欲望和冲动的戒律的观念；关于低微、节俭、谦虚之类的新习惯的学习；一种阻碍满足的对他性的尊重——这些都是伦理观念和形象，据此（后现代的）生态学提出对于个人和
48 集体的新态度。它们需要与现代时期的那种普罗米修斯主义和生产力论历史地加以比较，也需要与欲望和绝对满足（这种满足在20世纪60年代和70年代初曾得到特别强烈的表现）的修辞加以比较，以便了解新的社会精神也能得到解释的程度，这种解释的根据是对欲望的一种必然压制，对动机和本能满足的一种自律态度，以及关于约束、讽刺性的谦虚和怀疑集体抱负的一种新的风格，而这些在普罗米修斯式的乌托邦主义中，在极其广泛的不同类型的革命政治中，都已经表现了出来。

重要的是辨识当代生态伦理中这种压制的方面——至于它是否是自愿的或自我控制的并不特别重要（或许人们应该提出，如果是自愿的和自我控制的反而更坏）——以便把握两种政治间的密切关系：一种是我们大多数人都觉得应该肯定的，在意识形态上愿意接受；另一种我们则觉得大不相同，这就是当代的权力主义。

因为非常明显，我们必须等待珍妮·柯尔克帕特里克（Jeane Kirkpatrick）奇怪地称为“权力主义”的统治的崩溃，才能衡量其他一切政体——特别要包括大多数议会民主政体——究竟在什么程度上属于她的纯“权力主义”的范畴。普遍的悲观主义，政治上的

冷漠，福利国家或各种社会民主的失败——全都可以列为各地普遍
赞成必须实行法制政体的原因。对此普遍的看法是：正是社会暴力
事件的普遍上升，才使它们在很大程度上显得合乎情理（即使这
“犯罪行为”本身是对政府失败的反应，也为该政府的重新武装提
供了基本借口）。在当前几乎普遍存在的权力主义国家的政体中，
真正区分民主和不民主的恰恰是民主公民们的冷漠所提供的被动的
默认，整个情况可以作为萨缪尔·亨廷顿（Samuel Huntington）宣 49
言的一种极好的例证，就是说，在过分民主和大众参与的情况下，
国家不可能发生作用。

我想提出的是，这些纯政治和社会的发展，也伴有一种自然主义的复发，尤其是旧的人性本身的意识形态的复发。因此从历史上说它是合适的——尽管从其他方面看并不合适——它们应该历时地伴随一种生态政治的觉醒，而生态政治同样也会使**自然**的观念复活。因为今天权力主义的政体至少依赖于一种勉强的共识，一种深刻的本能的感觉，即认为法律和秩序必须是与“财政紧缩”一起首先考虑的问题，而且某种坚定的态度也是必要的——值得以更多的参与性和放纵本能的政治自由为代价来换取与秩序不可分离的某种繁荣。因为，虽然我们根本不再相信有什么超凡的领导人，但我们还是愿意抛弃早期的反权力主义，学会顺从最不讨人喜欢的无能的政治官员。这样的权力主义政体——说它们是新儒学的也许并非不宜，因为它们不仅尊崇秩序并习惯顺从，而且它们愿意重新考虑家庭和道德与政治条件本身之间的关系——最终证明是以一种更新的人本性观念为基础的，按照这种观念，人本性原是罪恶的、好斗的，因此为了它本身的利益（以及那些支配它的人的利益）需要对其加以扼制，这里权力以一切社会改良运动隐在的权力意志的信条为名而终于得到了确证。甚至左派——无疑是自由主义的核心——在很大程度上也同

意有条件地接受这种消除人的兽性的观点，对此，20 世纪 60 年代的情况及其所产生的后果，以追溯的方式变成了例证和原因，变成了证据和足资教训的实例：随意性，性的转换，毒品，否定
50 家庭和权威，纯粹无政府主义的热情，要求无限的自由，要求一切可能的乌托邦条件，以为人类只要有一半机会就可以使自己达致乌托邦的境界——所有这一切现在都被解读为混乱、反抗、暴力、憎恨、社会分裂，甚至我们当前经历的预算赤字的根本原因，而新的新儒学的自然主义允诺把我们从这一切当中解救出来。

但是，情况正好相反！恰恰是 20 世纪 60 年代运动的失败，才导致了这些关于人本性的局限和罪恶性的旧信念的复归。这绝不是说 60 年代出现的任何政治运动都没有缺陷：大部分都有些过分，意识形态上构想错误，而且实行不力，它们缺少领导，采取教条主义的态度，将希望寄托在不该寄托的地方，存在性格缺陷，更不用说地域上的褊狭和敌人生产基础的压倒性力量。但是，这些运动各自引起的热情弥漫着整个时期，而热情本身就是一种强大的、客观的力量，其绝对的失望本身便会产生客观的后果：从伟大的民族解放战争中出现的新国家停滞不前，大部分西方社会民主政府照例向商业投降，勃列日涅夫（Brezhnev）时代的共产主义政权陷入“萧条时期”——所有这一切，在随后出现的新的、高技术的、多国资本的情况下，只证明了人类无法实现集体成就或个人转变，强调了某种狭隘的、令人厌恶的基本的人性应为这些不可逆转的倒退而遭受谴责。

因此，伴随现代主义的结束不仅出现了后现代主义，而且还在两种意义上出现了对自然意识的复归：从生态学来看，它处于
51 一种可悲的境地，追逐利益的技术探索已经离开了这个星球；从人本身来看，它对人们以集体实践的方式来改变、行动或取得任何实质成就的能力产生了幻灭。

但是，对这种人本性信念中恶的一面的坚持很可能会不攻自破，因为它知道有一种更温和、更熟悉的看法，这种看法并不常常与更富宗教性的形式一致，但却假定人类是一种具有不可估量的暴力的动物，需要驯化和控制，需要以同等程度提供胡萝卜加大棒的约束机制。实际上，直到重新征服东欧使许多这样的论点和修辞（现在大约已有三百年之久的一种修辞的重担）得到恢复，我们才再次听到这样的语言：关于贸易和商业的和平后果，关于市场使前资本主义的巨大热情变成可以控制的需要和要求的作用，关于市场构成"文明社会"的稳定性的作用（这里所谓的"文明社会"未必比直译的"城市社会"［bürgerliche Gesellschaft］更好）。我们必须像 A. O. 赫希曼（A. O. Hirschman）的系统论述那样直面这些旧的论点，以便把握在何种程度上市场修辞也普遍基于这样的观念：人本性是罪恶的和侵略性的，但通过做生意和赚钱的一种平等的自然倾向，它本身可以得到平衡和驯服。因此市场及其论证有些像这种后现代自然主义的最后形式：市场既是一种实在论也是一种基础论，它提供了整个后现代形而上学的景观，与常说的商业和初期资本主义使旧封建社会非神圣化的情况形成奇怪的对照。

但是，这无疑是一种基础，与其他基础并无二致。罗蒂非常清楚地知道，康德以人类精神范围为基础来建立认识论的努力，与他的前辈笛卡儿（Descartes）的整个事业依据普罗米修斯精神同样是基础论的。因此，我们必然仍对这样两种同时代的、看似 52
互不相容的运动的共存感到惊讶：一种极其敌视自然的残余以及任何形式的自然性的存在，另一种过于接受更新的自然观和限制观，而不论其基础依据的是否是失败和幻灭。我自己的论证不会有多大意义，除非我们同意我们后现代的人能够同时持有这两种态度，同时持有这两种形式的见解，无视它们的不一致性，更不考虑它们逻辑上的不可调和。真的，如果在这些观点之间找出

（不论什么样的）隐含的关系，例如把它们看作互补性的，以此使反基础论的形成与各种自然主义的恢复处于特殊对立的状态，那么我的论证并不会产生什么说服力。或许可以论证一种更深刻的征兆上的联系，其中反基础论本身表现了自然主义所表现的同样的幻灭。但是，我觉得这两种解读有些像是“解决”二律背反并使它变成可以驾驭的、不那么令人反感的、比例均衡的方式。或许，在自然终结之际，我们会做得更好一些，为另一个时期将它强化，为失去能力的种种迹象对它进行检验，把它作为被迫停滞的一种象征，作为无法进入对抗关系并由此发展自己的一种对立事物的标志。无论如何，在某个最后时刻，在后现代性常常被指责（或赞扬）的那种普遍脱离政治的情况下，人们会发现二律背反处于那种停滞本身的真正核心。

四

乌托邦向来是一种模糊的理想，它鼓励某些人拼命实现这种不可能的理想，并反复使其他人确信他们永远不可能一开始便实
53 现，于是它驱使激情主义者和教条主义者进入疯狂状态，同时又使自由主义者的半心半意获得一种停滞性的心智宽慰。结果，那些急于行动的人可以和不想行动的人同样确定地抛弃乌托邦，当然反过来也同样如此。

看来时代对反乌托邦是有利的，尤其在东欧，除了一直清除对法国大革命的反动修正（曾在西欧盛行一时）之外，对乌托邦冲动的邪恶进行批判和分析已经变成一个迅速发展的行业。这是埃德蒙·伯克和 19 世纪其他一些人共同作过的一种批判（我们曾错误地认为这是些尼采之类的人，然而他们只是表现了尼采思想中最富衍生性的一面，浸透了标准的反革命的看法），在这种

批判中，雅各宾派被视为以愤怒的破坏来表现自己的一种**不满**（最常见的是知识分子的**不满**）的形式。至于乌托邦，认为它表现出一种对所有个人（你在为他们谋划一种坚实的集体幸福）的权力意志，并不是什么隐秘的看法。因此在最近这个时期，分析判断取得一种坏的审美维度，就像在鲍里斯·格罗伊斯杰出的《斯大林的总体艺术》中所突出表明的，专制者被认为是最伟大的现代乌托邦主义者，更具体地说，是治理国家的现代主义者，他的不朽的"苏联"与《芬菲尼根的守灵夜》和《追忆逝水年华》同样是一种极重要的观念。

于是，在这一点上，反乌托邦迎合了后现代主义，至少迎合了对高度现代主义本身所作的毫不宽容的后现代的批判，即认为它是压迫性的、总体化的、男性中心的和权力主义的，带有某种更极端的、非人性的傲慢，比伯克对他同时代的雅各宾派所能设想的特征更甚。因此，这一不可避免但却适宜的第二步，使当前的政治见解与后当代的审美态度协调起来，它们曾同时存在，可 54
是从未完全结合成一种新的意识形态体系。于是，我们发现一种非常古老的（但迄今仍是西方的）冷战被表现出来，而且，正如我们刚刚看到的，关于傲慢和人的罪恶（又是我们的老朋友人的本性）的市场修辞也得到重演，它着眼于试图从头创造某种新社会所包含的危险，明确警告在创造一种新社会的任何乌托邦的努力中，甚至在任何这样做的想象当中，隐含着不可避免的伯克的雅各宾派和斯大林主义。正如奥斯卡·王尔德（Oscar Wilde）所说，社会主义承受了太多的衰落期，人们不可能忍受政治专制的持续要求，于是他们人性的脆弱招致雅各宾—斯大林主义的国家暴力，力图威胁他们维持这种不可能的力量。因此在没有国家暴力或实际行动的情况下，艺术上的现代主义以意象表达一种同样的权力意志：勒·柯布西耶（Le Corbusier）会威胁他的顾客以大致相同的、无法摆脱的单一思想性采取一种健康向上的、高度现代的生活方式，而乔伊斯（Joyce）或马拉美则以更微妙的尼采式的掩饰和间接性，通过提供漫无止境的解释和一种类似宗教的奉承，试图强行占用他们读者的存在时间。也许补充说这些分析判断常常是些镜像还为时过早，对**不满**的谴责常常遭到实际上被不满吞噬的人们的攻击。更确切地说，这是通过革命和乌托邦的同情所表达的那些政治承诺的形象化描述，在对它们认真思考的非政治的或不再是政治的人们的身上，它们似乎具有一种激起罪恶感的强大力量。

另一方面，这里我想再进一步，我想论证说明——作为我的第四种二律背反——反对乌托邦的最有力的论点，实际上正是乌托邦的论点，是一种被忽视的乌托邦冲动的表达。假如人们真的
55 相信乌托邦的欲望无处不在，某种个人的或前个人的弗洛伊德的性本能通过一种社会欲望领域得到扩大和完善，并且在社会欲望领域里对理想化的集体关系的渴求也同样强烈而无处不在，那么对这种特殊政治无意识的认定几乎不会使人们感到震惊，甚至在它受到最强烈的贬抑和谴责的地方也是如此。然而那并不完全是我这里要提出的论点，因为处处存在的东西实际上等于处处不在的东西（顺便说一下，这是我们奇怪的题目的内在名称）。

我还想告诫人们不要随便运用乌托邦和反乌托邦之间的对立：这些形式的或一般的概念——由于科幻小说的作用它们已变得非常流行——似乎使自己得到了一种相对简单的对立作用，其中乌托邦的敌人可以很容易地与它的朋友区分开来——奥威尔（Orwell）被分派到那个角落，莫里斯（Morris）被分派到这个角落，而他们当中的一些人（例如威尔斯［Wells］自己）则毕生在柔弱与坚强或鹰与鸽这样的两极间徘徊。于是出现了更富戏剧性的干预：德勒兹那样的人在考察一种历史悠久的类似对立时，即在考

察那种被称作施虐狂和受虐狂的对立时，出人意料地得出它们并非对立的结论，认为它们彼此之间实际上毫无关系（德勒兹的结论是：施虐狂并不真正是受虐狂寻求的一方，他不会以任何非常令人满意的方式参与后者的游戏；反过来在当前的实例中也同样如此）。我想以差不多同样确定的方式来分开乌托邦/反乌托邦这对对立（虽然这可能是一种更复杂的运作）：这不仅仅是梦魇——邪恶的僧侣、古格拉群岛、警察国家——的乐趣，与傅立叶（Fourier）之类的伟大的乌托邦主义者的轻浮气质没有什么关系，他们很可能根本无意于享乐，而是致力于其他某种形式的满足。

对此更重要的是第二位的形式上的意见，即认为反乌托邦一般是一种叙述，发生于一个具体的主体或人物，而乌托邦的文本 56
大部分是非叙述性的，或毋宁说缺少主体观点，虽然无疑走马观花者在整个文本中不时闪现，且有不少的逸事被释放出来。按照我的看法（但在这种形式里只是一种意见），反乌托邦基本上是科幻小说批评的语言中所说的“关于最近未来”的小说：它叙述某种即将到来的灾难的故事——生态学、人口过剩、瘟疫、干旱、偏离轨道的彗星或核事故等等，这些灾难将在我们自己最近的未来出现，而在小说的时间里则迅速地提前（即使那种情况后来被伪装成某种远离我们的银河时代的被压迫社会）。但是乌托邦的文本根本不叙述故事，它描绘一种机制甚或一种机器，它提供一种蓝图而不是徘徊于在乌托邦条件下可能发现的种种人类关系，也不是想象我们期望的种种生活能够在某种稳定的、几乎永久有效的情况下实现，虽然伟大的乌托邦主义者也那样做过，并且卑劣地（最突出的又是傅立叶，他几乎是彻头彻尾的乌托邦主义者，充满柏拉图精神的乌托邦想象家）收取偶尔出现的这种或那种田园生活的报偿，这种或那种天真或不那么天真的快乐。不过，在大多数情况下，他们都细心地记下精确的机制，而单是这些机制的构成便会使那些关系和快乐、那些田园生活的景象成为可能。乌托邦生存的理想包含着一种矛盾的计划中的想象，因为它们全都假定地致力于说明并实现那种被大量滥用的自由的概念，而自由的概念单靠定义和它自身的结构不可能事先作出解释，更不用说以实例来说明了：如果你已经知道在一种尚不存在的自由里你渴望实现的是什么，那么人们就会怀疑它表现的根本不是真正的自由而是重复；与此同时，对规划的担心，对我们自己目前畸形的、被压抑的社会习惯会污染开放的未来的担心，也
57 永远威胁着对未来集体性的幻想的迷恋。

一切真实的乌托邦都已隐约地感觉到这一更深刻的修辞困难和结构矛盾，不论其各种各样的作者——如傅立叶本人——多么想为我们提供一幅他们认为生活真正应该是什么样子的图画（并观察我们富于同情的惊讶和赞美）。他们大部分都严格限制其文本的生产以一种极不相同的方式运作，这就是建构物质的机制，以为单是这种机制就能够使自由围绕着它们形成。但除了使自由解放之外，机制本身与自由毫不相干，它的存在使妨碍自由的东西失效，如物质、劳动以及伴随它们的人类社会机器的种种要求（如权力、教育和纪律、强制、顺从的习惯、尊重等等）。

实际上，作为机制，乌托邦的机器应该可以把所有的非自由吸收到它自身之中，在能够最好地运用并控制它的地方将它强化。在古典哲学的意识形态里，机制和机器总是以某种方式作为精神和自由的对立面而发生作用，因而精神和自由同样会以古典意识形态的方式表现出唯心论或唯灵论的特征，从而使它的修辞不可避免地趋向一种天使主义。于是，通过以绝对和集中的形式来体现必需事物——劳动、约束和物质——的乌托邦的机制，使一系列的自由在它自身之外蓬勃发展。

按照雷姆·库哈斯（Rem Koolhaas）的《疯狂的纽约》对电

梯和城市网络的论述，这个过程可以以比喻的方式象征性地表现出来：《疯狂的纽约》首先根据工程技术的组成提出了一个必然性的问题，即必须包括在建筑外室之内的东西，既不能成为象征也不能升华（如感伤主义的海亚特旅馆的吊盒式电梯，它在不停的运动中轻轻地升降）。不过，库哈斯认为，那种占现代建筑 58
40%的大量的管道和电线（它们只能在特殊情况下用作装饰，如蓬皮杜艺术中心的外壳），代表一种习惯上无法同化的外体，必须以一种有待发明的新的方式来处理（瓦莱里曾说，艺术作品中必需的东西，永远不可能以价值来补偿）。《疯狂的纽约》根据城市的发展水平提出了一种解决办法，它指出（19 世纪中叶）电梯的发明和曼哈顿城市网络的创造（按照 1811 年的计划）是一些机制，它们把那种必然性集中到一个单独的结构之中并使之浓缩，就像把多项债务合并起来使你只需付一份账单。于是，这些孪生的纵向和横向的机制，使纽约各种发狂的自由围绕着它们发展。它们像是对物质和物质性（如果不是精神本身）付出的代价，是最低限度的工作时间，正如马克思所说，只要超越它们就会看到“自由的王国”。因此，乌托邦的文本将这种机制作为它表现的客体，而在那种意义上，关于可怕的机器的对应的文本——卡夫卡（Kafka）写地狱机器的《在流放地》，或者普拉东诺夫的《基坑》——严格地说都是对乌托邦结构的颠倒，在形式上与非乌托邦的叙述本身大不相同。（不过，后者很可能包括它自己的逻辑与颠倒的乌托邦的逻辑之间的矛盾，正如在《1984》中，前提——任何科学的或真实的思想都是不可能的——与反乌托邦的国家机器监督中的纯科学的完美相矛盾，因为这种监督被迫用作一种随意的解释，用于说明任何科学都不可能于中实现的那种非乌托邦状态。）

这些机制可以达到极端详尽的状态，就像在傅立叶的一系列

复杂的作品以及他为它们设想的大联合当中那样。但是，它们都以这种或那种方式与马克思在《资本论》里的政治设想相一致，
59 即都表明社会主义不是一种想象的虚构，而是遵循自然的规律，是一种像质量或能量、像地球引力或元素表一样的事实。使人产生误解的（因而好像是反乌托邦的）是马克思表明这种情况的方式，其中说社会主义在资本主义自身的空隙中已经在形成，如合作和集体劳动的增多，出现了越来越大的非人的联合体和工作或生产单位，出现了后个人的（post-individual）所有制形式，等等（所有这些在我们自己的时代比马克思所处的时代甚至更加真实）。但是，他对空想社会主义者不充分关注他们计划的实施和实现所作的否定，只在政治上是正确的，在社会和本体论上并不正确。傅立叶从未从政治革命方面考虑，实际上他的看法本质上是反雅各宾派的，他只能在实施法郎吉当中想象对著名的“捐助人”的干预。然而傅立叶作品中的一切可以说都集中于表明乌托邦思想处于自然之中，从可以想象的最小到最大的各种人类集体的形式，由于其自身的内在力量都倾向于某种“联合”，而这在某种程度上则是宇宙的本体论法则。因此，至少在这种意义上，傅立叶懂得他的表现必须是现实主义的，必须诉诸存在而不是想象，必须基于经验上存在的现象，即只需一种新的诗人的眼光来看我们周围的世界。与此同时，马克思本人将必然王国和自由王国完全分开也是乌托邦的，这种区分在前面已经提到，而且这种区分还勾勒了一种古典的机制，根据那种机制，劳动可以大幅度减少，价值法则（在马克思的著作里，至多是一种关于“客观现象或幻觉”的理想主义的、拜物主义的、唯灵论的原则）被更实在的计算代替。

不过，唤起这种乌托邦的机制（其中必然性部分被投入精巧
60 的机器，以便使已经将它除去的空间充分扩展），就是突然承认

另一种熟悉的当代的意识形态，这就是市场本身，诸多反乌托邦方式中的主要表现。因为市场的交换机制非常确切地构成一种必然的组织，一种纯机械需求的总和。至少从理论上讲，这种市场组织应该释放更加发狂的自由，远远超过库哈斯类似超现实主义的宣言认为能归为纽约的特点的任何东西，即个人生活的实现与代表制或议会制民主的稳定，法律和秩序，对人的兽性的驯服，以及公正本身的特征。不论今天对市场修辞的运用多么卑劣，也不论在东欧这些地方它的效果多么有害，最好的政策可能是宁可直率地承认乌托邦的这些方面，把市场幻想与其他壮丽的乌托邦思想实验分作一类，从而在另一种意义上保证这一切仍然是——并被理解为——一个根本没有的地方和一个根本不知道的地方。赞颂后期资本主义必然依靠与它对等的修辞方式，即乌托邦的话语；而为了彰显它自身并传播它极不相同的信息，又必然要运用它的主要对手的武器——这就是我想在此处概括的第一个二律背反的后果。

但是，那种二律背反也可以通过对乌托邦的批判来认识，也许现在值得在事物的另一方面采取这种方法，以便看看它是否同样不会使我们回到某种中心的位置。诚然，很难分开思想上对乌托邦的否认和对乌托邦的恐惧，前者本身既知道公开的形式也知道秘密的形式，而后者是在巨大变革过程中面对不得不失去的一切所产生的一种十足的焦虑——这种变革如此巨大，甚至在想象中也会认为它严重影响到当前的情感、习惯、实践和价值。实际上，由一个体系跳跃到另一个根本不同的体系（甚至是想象的） 61
所包含的困难和矛盾所产生的焦虑，在很大程度上有助于使对**不满**的指责合理化，而我们已经看到，这种指责被反革命的传统用来反对乌托邦思想：因为事实上，在我们体系内部很少有什么东西能激起如此绝对的变化，因此不可避免的是，可以这样分离出来的促动力量，或将旧体制中存在的价值与新体制引起的变化相联系的促动力量，必然会显得像是一种不惜一切代价的固执地追求破坏和变化的欲望。在这一方面，将萨特简明概括的结构上的困难——即个人在欲求从一种存在的绝对或原初选择到另一种选择的变化中所面临的困难——转移到集体的层面，并深入思考萨特关于权力意志的概念在这种情境里毫无意义的结论，无疑会产生启示的意义。因此，乌托邦的想象必然是一种立体透视，它同时将乌托邦的幻想置于两个截然不同的世界，通过它所提出的看似不可调和的要求产生一种独特的不安，即彻底脱离某种作为终极极限附着于世界的存在的东西。

我认为，在第一世界，进步人民最迫切的任务是不懈地分析判断乌托邦本身之前的恐惧和焦虑：这一相对内省的、自我批评的过程无须等待关于未来的新看法的出现，当新的世界秩序及其后民族（postnational）阶级体系的轮廓稳定之后，这样的新看法必然会出现。对非政治化的受害者本身有一种可以实施的集体疗法，这是一种对我们幻想的一切事物的严厉的看法，如对社会秩序根本转变的种种可能的想象，我们幻想它们是支离破碎的、个人的、压迫的、悲哀的、消沉的事物。我的看法是，这样的感情从总体上构成混乱而真实的、有活力的、反乌托邦主义的事实，
62 它们并非真正产生于现时个人的巨大幸福和满足，也不产生于现时个人的实现，而是完全被用于阻止对现时不满的经验感受。在其所用的方式里，“满足”在逻辑上是一个迷惘的观察者所能做出的唯一判断，而更深的无意识的迹象则对他隐藏起来。

然而，除了全世界人民今天在政治上显得疲劳和士气低落之外，并不容易看出有什么肯定的价值可以被用来支持反乌托邦的市场修辞：人们以为某种“后政治的”（postpolitical）集体会退居其中的空间——当前在发达资本主义国家里，以一种早已不复

存在的文明社会为名而受到不合时宜的赞扬——显得毫无意义，并完全被消费及其符码和语言所占据。这是关于实现马克思日益扩大的集体化的预言的一种否定的结果，因为这个过程取代了过去个人领域中的存在经验的最后残余，将以前个人的创造精神转变成如此多的暗指共同产品的隐喻，转变成如此多的由广告形象所引起的模拟行为和欲望。传统的家庭形象（与其他传统生活方式的形象一样）很难吸引什么后现代性的主体，这种主体只能以集体的方式——把个人生活当作一些新型的部落网和组织起来的爱好——想象个人的生活，但为了使它们与其他类似的社会结构区分开来，又必须标明它们是非官方的和非公众的。

不过，这正好使我们置于当代意识形态中最强有力的驱动之下，而对于当代意识形态，一切被列为公共的东西都无可挽回地受到腐蚀，一切带有机构色彩的事物都引起反感并以潜意识的、几乎是巴甫洛夫的方式进行抵制，一切被视为代表国家以及围绕国家的附属机构的事物都被非常明确地以否定而有力的方式唾弃：这是国家权力本身试图恢复的某种事物，它试图把它与美国前沿文化传统和个人主义联系起来（由于这种文化传统和个人主 63
义，尽管当代历史经验中存在着绝对断裂，除了依靠形象和联想的启示它也不可能做任何事情），以此赋予它一种能够用来反对其他民族传统的民族精神。但是，这种反机构主义只能以从属的方式被视为反社会主义的或反斯大林主义的，因为它所针对的更基本的客体是整个资本主义，包括它贫乏的语言和虚构的结构，它创造的等级和模拟的心理。这是西方人民对至高无上的、非个人的权力结构所获得的唯一经验，是后期资本主义系统地对之发生作用的一种经验——后期资本主义远比任何左派或人民运动更微妙、更精明地对之发生作用，它改变了这些反对“大政府”和“官僚政治”幻想的力量的方向，仿佛在第一世界资本主义国家中企业本身并不是一切官僚政治的基本所在。同时，旧阶级官僚政治中的正面特征——在庞大的封建官僚政治中关于服务的伦理道德；在资产阶级时期的启蒙精神，例如第三共和时期的教员；在当代美国那些社会服务人员的道德——在当前的宣传中遭到系统的贬抑而黯然无光，因此任何人如果碰巧看到马克斯·韦伯关于官僚主义政治是最现代的社会组织形式的言论，只能被如此奇怪反常的见解惊得目瞪口呆（无论如何这种见解产生于一个遥远的、异质的过去）。然而，正是用这种方式，对今天那些大企业之类的真正反社会的、异化的结构的憎恨——通常认为这种憎恨会促进恰当的乌托邦的沉思和幻想的产生——才转而反对乌托邦本身，其中伴随着市场社会能够产生的种种关于满足和消费的恰当的乌托邦幻想
64 （关于这些幻想，我在《后现代主义，或晚期资本主义的文化逻辑》里曾试图说明，它们自身在直感上绝不是唯物主义的，从本质和形式上都依靠资本主义销售本身具体化的形象）。

至于对抗乌托邦所采取的更加深奥的形式，尤其是其更加高度理智化的形式（其中危险的是关于权力和统治主题的“总体化”和具体化的错误观念），重要的是在这里重新引进各种群体的力量，因为与团体的或统治性的宣传不同，左派或激进的理论通过“代表”这种或那种集体的要求（或至少用并肩作战的同伴的那种同情为他们讲话）明确地证明它自己合法合理。这种基本的集体认同和反乌托邦观点的基础，已经表明了这种论证中的一些更深刻的矛盾，它们最终并不只是自由主义的、个人主义的、反政治的观点的反响。

这里还必须援用小团体政治中的一种基本的连续性，凭借这种连续效果，每个团体始终运用它自己特有的影响形式和有影响力的威胁，同时又想象自身是被另一个团体压迫的少数（另一个团体也会有同样的感觉）。举一个最能说明问题的例子：白人男性多数

在发展其作为一个群体的自我意识时，会觉得它是一个进行斗争的少数，受到将自己的文化价值强加于它的边缘群体的压迫。明确提出这种镜像反映和投影的作用，并不是为了进一步分析权力和统治，而是为了一种关于权力幻觉的精神病理学，一种关于传媒如何以一种无限回归的方式保持并发展这种幻觉和投影的精神病理学（这是萨特用前面用过的**连续性**概念来描述的一种现象）。

我自己的感觉是，当各个群体全都达致他们战略关系中的共同问题和必然性时，即从葛兰西（Gramsci）的“历史集团”经 65
过联盟政治直到当前由“酷儿理论”所提出的“人民阵线”和“边缘性”等许多历史条件都对其适用时，群体政治才开始向一个激进的方向发展。只有对斯大林主义特殊时刻的滑稽记忆才能促使人们相信：总体化的概念意味着压制这些群体的一切差异，将它们以前的追随者重新组织成坚不可摧的军事或党派团体——长期以来对这种团体惯用的修饰总是“铁板一块”。但相反的是，根据任何有意义的惯用方式——就是说，对于这种惯用方式，总体化是一种设想，而不是表明已经存在的某种机构的一个词语——这样设想必然意味着对所有这些个体差别的复杂调和，就我们这一代而言，也许拉克劳和墨菲已经在他们的作品《霸权和社会主义战略》里作了最好的描述，虽然作者相信他们的作品是针对“总体化”而言的。无论如何，团体或人民阵线所提的这种团体之间关系的困境及其令人痛苦的调整，在任何地方都不像在乌托邦传统中那样得到持续的表现和思考，乌托邦传统在傅立叶的著作中达到的高峰，全面展现了团体间的复杂联系，将拉克劳和墨菲较短的接合链条远远抛在了后边。因此傅立叶所展示的是最令人激动的、大规模的总体化（不过也可以看看金·斯坦利·罗宾森［Kim Stanley Robinson］的火星三部曲，它无疑是 20 世纪 90 年代一部伟大的政治小说，其中对各种激进或革命团体的相互关系的描写，最生动地表现了我们自己的时代)。

但是，关于一种差异的政治（也常常称作同一性的政治）在结构上的奇特性，还有更多的东西要说：除了否定的纯粹说明和由多种团体的同一性而必然产生的差异之外，这里还有更重要的东
66 西。然而，我认为可以肯定的是，在相当程度的社会标准化形成之前，也就是说，在基本上获得普遍的同一性之前，关于差异的政治不可能出现。哥伦布和他遇到的民族之间所拥有的真正的、根本的差异，永远不可能转化成一种政治：最好时是进行奴役，最坏时是种族灭绝，偶尔也有些像是富于同情的尝试，企图达到某种不可能的宽容（这宽容本身也是一种以保护人自居的恩赐)。马克思曾断言，我们自己时代的社会革命基于同等感的普遍化，基于对平等的不可压制的要求，而这种法律平等已不再产生平等。在这一点上，所有反对革命的思想家都同意他的看法，他们都清楚地看到了一点，即这种意义上的“民主”——对平等的强烈要求——由于它能够在现代社会中保持下来，是对社会秩序最具破坏性的威胁。正是单以那种同一性为基础，“差异”才能有效地转化成一种政治的计划，这种计划是否能够将要求平等与肯定分离主义的文化认同（即差异）协调起来，仍然有待于观察。但这些二元抽象的可逆性力量，对这样一种计划来说肯定不是一个很好的出发点。

现在我们需要再后退一步，探讨一下单个的小群体运动本身的乌托邦使命，因为它们在一种特殊的压迫传统和一种（必然是建构的）历史的过去当中，通过确定常常被不确切地称为一个群体或集体的“同一性”，试图针对更大的霸权统治结构来定义自己。这是一种必须充分以团结为基础的同一性，同样也必须充分以异化和压迫为基础，它必须依靠那些原始或部落的内聚力的形象，而这些形象却总是乌托邦传统本身的精神财富：包括曾经被称为“原始共产主义”的东西，在部落或部族、氏族、村庄，甚至庄园家族的图画

中从文化上折射出来的东西——不论什么样的集体结构组织，似乎 67
都抵制现代工业国家反常的社会状态，提供某种否定和批评的力量，反对当前这种实行群体压迫的更大更广泛的人口统计学。

但是，这种对小群体本身价值的坚持——卢梭（Rousseau）是这方面的第一个理论家——是一切乌托邦想象的本能的源泉，不论在当代条件下它对重构乌托邦的观念提出什么样的理论问题（包括对卢梭本人的批判）。因为坚持乌托邦构成中的其他类型的政治激情——通过法西斯主义或其他右翼运动盗用一种集体的修辞，确定从男性情谊到英文系的那些表明现代职业特征之各种奥秘的集体的冲动——会不合逻辑，如果在小群体政治的力量方面，不为一种更深刻的乌托邦思想的有意识或无意识的作用留出同等的位置的话。

同样没有什么意义的是根据无政府主义的历史对立面来重新限定这一特殊的反乌托邦思想，不论是根据无政府主义与“被称作马克思的欲望”的对立，还是根据它与雅各宾传统的对立（那种传统被看作从法国大革命一直到苏联革命的政治体现）；因为这一对中央集权制和中央集权制之下的经济体制的真实否定，如果有什么不同的话，就是它充分表现了它以为自己正在谴责的乌托邦思想。无论如何，前面已经说的足以证实这样的结论：任何积极的或有效的从政治上反乌托邦思想的形式（并不只是掩饰起来的自由主义），本身迟早都必然表现为乌托邦思想的一种富有活力的形式。这是本部分旨在论证的二律背反的最后的形式。

从这些陈述中得出的第一个结论是，关于当代思想和政治见
解的一系列流行的看法，不仅软弱无力而且根本没有进行充分的 68
构想。我们今天根本没有超越左右的对立，现在这个时代也不是一切旧的联盟和联合因新的或许更灵活的联合而完全被抛弃的时

代。这种特殊的“意识形态的终结”，比其在艾森豪威尔（Eisenhower）时期短暂的体现也绝不会更加持久，艾森豪威尔时期之后，紧接着就出现了美国社会史上最政治化的时期。这种表示特征的描述试图说明的东西——它们并不简单而低下地受那种从根本上使未来种种可能的政治中立化的意图的支配——毋宁说像在这里概述的那样，是二律背反的结构所造成的后现代思想的瘫痪，它以一种静止的颠倒和重复来面对思想，通过一种非生产性的方式，同一性变成差异，差异又变成同一性，从而可理解地使一些人完全抛弃理论著作（而且同样可以肯定的是，当前的情境已经经历了一种反对一切理论研究的倒退的、传统主义的运动，它由向后现代性的那种转变引起，而后现代性要求首先从理念上重新思考传统的构成）。

在这种探讨的开始我曾警告说，二律背反肯定比矛盾具有更强的修辞能力和表现能力，这就是说，展现我们在这里作为效果展示而提供的那些形式效果，比对它们必定隐含的原因提供任何令人满意的说明更容易。每个人都会本能地感到，这些新的思想类型，这些新的、紧迫的、我们于中被控制的反常情况，这些像是处于激流之中或银河时代的反常情况，与被我们称为后现代的事物是一致的，它们的历史创造力与后期资本主义本身的机制有着某种联系。但是，这种感觉只是一种初步运作的前提，而不是任何实质性的结论：这种联系可以凸显出来的方式——同源、中介、参与、征
69 象——还远不清楚，它相当自然地使人们对问题本身作出某种初步的考虑，仿佛是解决某种无法直接把握的问题的一种间接的方式。

不过，与现代科学的类比可以提供一种松散地把握表征问题的方式，仿佛这问题来自外部，没有自己的解决办法。我们被告知，在爱因斯坦（Einstein）的概念革命之后，牛顿（Newton）的定律仍然有效，但我们发现这些定律的应用已经出现了结构性

的减少，只适用于爱因斯坦所发现的宇宙整体的一个小小房间的小小角落。因此，牛顿的定律支配我们自己的历史世界和实际经验的现象领域——无疑是一种客观现象，绝不是纯粹的错误或迷信——而爱因斯坦的假设则提出超出我们所及范围的某种事物，只有允许明显扭曲我们自己所处的坐标才能对它进行重构。这是在哲学上正确运用整体性概念的一次经验，即整体性作为某种从定义上无法了解的事物，而不是认识论的权威所特有的某种形式，有些人极力为自己维持这种权威，其目的是为了奴役他人（如旧的启蒙运动的宗教观念）。可以设想，后期资本主义在全球的急剧扩展，促使它达到了这种无所不在而又不可知的状况，就像 20 年前一些资本逻辑学家所论证的那样，除非，作为在世界市场上总有其最终范围的一种整体化的力量（马克思），它一直占据我们迄今无法理解的这种至高无上的地位。那么，在其力量于表现上逃避我们的一种历史当中，作为个人或实际上作为历史的主体和阶级，究竟如何来协调我们颇受局限的见解呢？这个经验可以追溯到斯宾诺莎（Spinoza）这位无疑最受人注意的整体性的思想家，当时，他对那种庞大的存在整体或自然（我们只是其最片面的反映）提出了一种禁欲主义的调整，作为一个组成部分 70
或构成因素；接着，这个经验由弗洛伊德精神分析的实践方面再次提出，但不是作为一种治疗，而是根据治愈本身不可能实现而作为对我们自我认知的一种调整——热情地选择并坚持齐泽克称为症状的东西。托尔斯泰（Tolstoy）也远非没有这种政治智慧，他曾嘲讽地展示了世界历史上最伟大的领袖急于保持同样地位并证实必然性和不可回避性的过程，仿佛那完全是他们自己的策略。然而这些想象没有一个确切地构成对必然的顺从，在这种认识论的调整过程中，每一种想象都假定某种智慧，单凭这个过程，不论让我们进行什么样的实践，这实践最终都可能实现。

所以人们可以设想，承认后现代的二律背反并不是一种徒劳无益或虚无主义的自我拆台的实践，而是必然会产生出无意识的结果，只是对这种结果我们现在还不能有多少猜测。我已经指出，整体性思想本身——我们至少可以**命名**的某种中心体制在我们周围存在的紧迫感——明显有利于迫使我们至少去构想选择其他体制，也就是我们现在可以认为是老朋友的乌托邦思想的可能。关于二律背反，也许我们还可以得出更多的结论，即它们在同一性和差异性之间的不停的转换，应该归于一种受到阻碍的机制，而在我们的认识当中，这些范畴未能得到发展，未能通过它们自己的相互作用改变自己，如它们在过去其他时期似乎能够做到的那样（不只是在黑格尔的辩证法当中）。倘若如此，那种阻碍只能与对最近的未来和想象的变化的无动于衷有关（在雷蒙德·威廉斯的术语**可知的群体**的特殊含义上使用这种表述）：对我们来说，时间存在于一种永恒的现在，更进一步，存在于一种
71 不可避免的巨变，这两个时刻在记录仪上清晰地显示出来，没有交叠或过渡的阶段。真正失去的是时间的下一个瞬间，我们像是只能记住其遥远过去的人，这些人完全失去了最近和最熟悉的维度。实际上，作为一种原因，这种不能想象变化的情况（其本身也必须被想象成集体的大脑中一个脑叶的瘫痪）也完全可以作为对我们这里概括的困境的比喻：一种现在的同一性面对一种不可能的未来的巨大的、不可想象的差异性，两者的共存就像人的一对眼球，每一个都记录一个不同的范围。这是一种使等待有些喘不过气来的境遇，仿佛我们等待着钟表缺失的下一声滴答，或者一个新的实践的没有出现的第一步。

第二部分　乌托邦、现代主义和死亡

人们常常——可能还有些妄滥地——谈论或暗示有一种第三 73
世界的文学或文化，沿此人们也常常承认存在一种第一世界的文化，但是，任何可能想象为一种第二世界文化的东西，即使未被粗暴地否认，至今也一直被忽视。不过，在我看来，一种真正社会主义文化的存在，一种以构成社会主义特色和教育体制为基础
的社会主义文学的存在，很可能不得不越来越多地被予以承认， 74
因为社会主义的制度和所有制（对此一种假社会主义文化过去被认为仅是意识形态的掩饰或警察的指令）在苏联东部到处都已式微。我们将会发现，实际上我们已经发现，在非市场、非消费者—消费社会成长起来的人们，思考问题的方式不同于我们。事实上，如果我们抵制将这种差异——这里指某种纯系斯拉夫人世界观中的差异——归于旧式的民族主义和种族特征的诱惑（这种诱惑现在到处都在复活），我们甚至可能发现一种新型社会主义文化的萌芽和初生形式，但这种文化完全不同于“社会主义的现实主义”，它表明我们其余的人无法预见的人类历史的某种遥远的未来。

没有商品化的人类关系是什么样子，没有广告的生活世界看上去如何，什么样的叙述能描绘没有外国商业机构和利润的人民的生活——很久以前乌托邦的空想家就思考这些问题，而这些思考使他们至少达到了一种演绎的、外在的、纯形式主义的关于特征的描述。换言之，即使我们自己根本写不出乌托邦文学，我们也可以说出真正的乌托邦文学是什么样子。但是，过去的乌托邦

文学大部分是积极的，甚或是肯定性的（就一种法兰克福学派的贬义而言）。它的“睡眠之梦”（莫里斯）带有一切补偿和拒绝的特征，压制它的空想机制无法加工的东西，排除消极的观点和承受苦难与死亡的身体，以及人际关系中一切无法解决的事物。不过，幻想——作为一种哲学思考的工具在认识论上对白日梦的正确运用——的真理价值，却完全在于对现实原则本身的正视。白日梦可以成功地作为一种叙述，不是通过成功地逃避或欺骗现实
75 原则，而是像雅各伯的天使那样与之斗争，成功地从中夺取完全可以在我们自己或它自己的时代中这样梦想和幻想的东西。

这也许等于承认，白日梦更深刻的真理在于它对现实原则所揭示的东西，而不在于关于我们愿望的实现它告诉了我们什么：因为后者的整个戏剧性——按照弗洛伊德和他的癔病患者所教给我们的——在于试图确定我们真正最需要的是什么。在那种情况下，我们不能希望的东西，或者不能变成白日梦或乌托邦幻想的叙述修辞的东西，远比贫乏的、实际存在的三种愿望本身（“我希望午餐有些美味的香肠!”“低能儿，我希望它们挂在你的鼻子上!”等等）更有意义，也更有代表性。因此，历史地看，在这种意义上，乌托邦的使命在于失败。它在认识论上的价值在于使我们感到围绕我们思想的壁垒，在于使我们通过纯粹的感应发现看不见的局限，在于在生产方式自身当中使我们的想象陷入困境，在于使奔驰的乌托邦之脚陷入当前时代的泥沼，并想象那是地球引力本身的力量。正如路易斯·马林（Louis Marin）在其《乌托邦》里所教导我们的，乌托邦的文本确实为我们提供了关于我们不能想象的事物的生动的教训——只不过不是通过对它的具体想象，而是通过文本中的漏洞，即在时代及其意识形态的围墙之外我们自己不能看见的东西。这是马克思的伟大的名言的正面和反面的关联语，其中昭示了马克思有生之年的理论和实

践——这里所说的名言是："长期以来世界都在梦想只需意识到就可事实上将它占有的某种事物。"（1843 年 9 月，《致卢格的信》）但是，意识到这一点也是一种客观的可能性，一种现实和当前形势的特征，而不是通过意志或命令或仅仅接受一种思想就能达到的。在这种意义上，我们自己的制度——后期资本主义——的真正发展，便将它置于我们自己和未来之间。但对于一种令人迷恋的文化，例如我们自己的文化，最好用另一种语言来 76
描述，最好表明很难幻想我们自己可以摆脱现时的迷恋，也很难想象一个没有刺激的世界，因为正是种种刺激才使我们得以在这个世界上生存。那种力图实现一种根本不同的制度的尝试，以一种根本不同于我们自己的方式，即一种包括不同类型的叙述可能的方式，释放出想象力和乌托邦的幻想。我遵循华勒斯坦（Wallerstein）的观点，相信实际存在的社会主义不是也不可能是一种可替代的制度，因为在任何一个特定时期都只能受一种世界制度支配，确切地说，各种社会主义都是在资本主义世界制度本身的力量领域里的反体制的运动。由于只适应于单一形式的资本主义，它们大部分都因资本主义预想不到地突然转变到一个不同的阶段而失败。这个阶段我们现在称为后期资本主义，它的新的法则和强化的制度专横地破坏了那些只是为经受早期阶段更原始的压力而建成的结构。因此，人们所达到的至多是从文化上对新的上层建筑或形式趋向的预见，在其所处的形势之下，只有对一种新的基础或经济状况的临时速描能保持一段时间。

于是，文化可以走在前面，预示尚不存在的生产方式的未来形式。这实际上是基础和上层建筑不平衡的相互作用的旧概念的最基本的含义，但在雅克·阿塔利（Jacques Attali）的著作《喧闹》之前，人们一般都不注意这点。阿塔利的著作不仅肯定了音乐和经济之间的密切关系，而且还肯定了音乐（在西方）能够投射出尚未具体展现的某些社会经济的发展阶段。然而这一原则需要两种限制：首先，绝不能事先提供调解，即说明某一形式能够以这种方式预见未来的发展（在阿塔利的例子中，这样一种调解至少在经济和音乐确定无疑的密切关系里表现了出来）。

77 其次，现时一个给定文本的乌托邦内容，绝不应理解为以某种方式排斥或排除现时与它同时存在的意识形态的内容和作用，换言之，科学与意识形态并非不可兼容，而是一种科学主张可以同时用于意识形态的目的，如著名的开普勒（Kepler）和伽利略（Galileo）的著作。事实上，我想强调这种主张的一种更极端的形式，即在一个衰落的或阶级社会里，科学、乌托邦思想以及实际上有价值的一切事物，也必须总是同时作为一种意识形态发生作用。不可能逃避意识形态，也就是说，对于我们自己在这个社会里的处境和阶级状况的血的罪过，不可能不作理性的说明。真理的时刻很少出现，并且转瞬即逝——对于个人焦虑和社会危机的时刻，也必须肯定它们不可能因任何一种持久可靠的真理而被保留或依赖，虽然它们无疑会影响我们的实践本身。因此，在这种社会里，在这种历史当中，一切真理也同时都是意识形态的，人们应该以最大的怀疑和警惕来赞颂它们。

这对以前被称作形而上学的那些真理同样正确。在我看来，今天对它们彻底追查并进行揭露（如果有幸存者的话），并不是因为它们有某种意识形态的罪恶，而是因为它们立刻在意识形态上发生作用，因为在有时被称作精神性的领域里，甚至比在其他文化层面上更难区分真理和意识形态。因此，正是在这种意义上，我要论证说，一种像海德格尔那样的哲学在我们的时代是错误的，它在不是法西斯主义和决定论的时候也是意识形态的、反政治的，因为它使人脱离政治责任。虽然它不鼓励一种小资产阶级自我对其自身虚假伟大的陶醉，但它以自恋的方式沉迷于作为表达焦虑的工具的自

我，而不是产生这种焦虑的自由行为，因而即使在采取其他社会 78
阶级的主题时（如农民或恩斯特・荣格尔［Ernst Jünger］对工业劳动的态度），也难以被其他社会阶级理解。

但是，我还要论证说，在形而上学方面，在某种绝对的意义上，就我们与地球以及我们自己个体的死亡的关系而言，海德格尔是正确的。然而，在这个社会里，那种真理并不是为我们提供的，它在这里“纯粹”是形而上学的，也就是说是意识形态的。它只有在一个未来社会，在一种乌托邦当中才能变成真实的，因为在乌托邦社会里，意识形态的功能将会与产生它的阶级划分一起被取消。所以，在这种情况下，我们一定要非常清楚，今天，在这个社会里，我们如何把这种预期的、乌托邦的材料，当作海德格尔的那些形而上学的材料来运用。我们既不能赞美它们的真实性，也不能让它们被形而上学淹没，它们最深刻的使命就是找出并指出这点。在与前面对“第二世界”文学的讨论作一些关联之后，我们将马上再回到这一评注性的问题。

因为，即使你们同意我的思考，承认预期的形式应该在“第二世界”的文学和文化生产中出现，即使你们能看出那种情况如何以演绎的方式得到说明，这种乌托邦文本的某些空洞的形式描写如何又毫无根据地形成并至少试图提出一种逻辑上可能的模式，显然更令人满意的还是指出一部实际的作品和一个具体的实例。意想不到的是，这是我们现在能做的事情，仿佛它来自历史资料储存之外，因为在储存的历史资料当中，一些过去基本上不曾想到其存在的作品，在最近十五年间突然出现在世人面前，就像是刚刚写出的新作，这些作品表现了 20 世纪 20 年代伟大的苏联文化革命中乌托邦的活力，表现了那个时期的激情和兴奋，以及几乎是无限的种种形式的可能。

这个实例就是伟大的农民乌托邦作品《切文古尔镇》。在强制集体化（1929 年秋）的前夕，这部作品由安德烈·普拉东诺夫于 1927—1928 年写成，但并未出版。20 世纪 60 年代开始出版小
79 说的一些片段，足本的英文翻译于 1978 年出版，删节的俄文本曾于 1972 年出版，但完整的俄文本直到 1988 年才出版。因此，甚至对俄国读者来说，普拉东诺夫也是个新的著名作家，在二三十年代他只有一些短篇小说为人所知。然而，如果我对形势的理解正确，过去十年来他已经逐渐被视为非凡的美学权威和道德精神权威——完全可以和卡夫卡在西方的地位相提并论（尽管在其他方面普拉东诺夫和卡夫卡实际上毫无共同之处）——也就是说，作为一个预言式的人物，他的经验是宝贵的，他的形式在历史上和精神上都有征兆的性质；作为一个作家，他的文本几乎是宗教式评注的对象，涉及一系列的观点和兴趣，他的最简短的笔记和评论具有无限的价值，他的形式成就虽然在美学上可能不及经典的杰作，如普鲁斯特、乔伊斯和曼（Mann）的作品，或者别雷（Bely）、马雅可夫斯基（Mayakovsky）和勃洛克（Blok）或帕斯特尔纳克（Pasternak）的作品——甚至可能在结构上不够完整和连贯——却提供了一种形而上学思考的机会，而纯美学的客体很少会促发这样的思考。

普拉东诺夫是一个伟大的现代主义作家，而这一描述本身实际上使我们的任务复杂化了，因为在西方，现代主义已经过时，我们对更早的现代主义经典作品的探讨必然是间接的、历史主义的，而对此我们还没有制定出什么充分的编史方案。有必要补充说明现代主义在苏联（虽然并不一定在苏联东部）仍然存在，并继续与西方一切流行事物一样活跃并时髦地与种种后现代主义的形式共存。这种“共时中的非共时性”（布洛赫［Bloch］语）表现了当今整个世界体制的特征，我绝不想让人根据阶段发展论的原始模式来对它加以理解——虽然非常明显的是，一种后现代计

算机化或传媒基础的存在与缺席，对放弃旧的现代主义文化或模仿新的后现代文化都会产生某种作用。不过，必须也把苏联共产 80
主义本身和旧的种种文化及美学价值之间的密切关系包括在内，从有利于我们自己的观点出发（且不管 19 世纪芭蕾舞的象征性地位），这些文化和美学价值就其实践而言基本上可以认为是现代主义的，但其方式已经从大部分西方知识分子的习惯和记忆中消失。所以，这对普拉东诺夫的这种奇特的双重境遇或许颇为有利：他的作品作为一部现代主义的经典，由于其莫名其妙的出版史，从未像其他著作那样被推崇和神化，而其作为一个文本的地位，由于首先被世界文化中最后尚存的现代主义读者阅读，我们后现代人也可以通过他们而有所了解。

但事实上，普拉东诺夫的现代主义所增加的未预料到的复杂情况，与我联系海德格尔所提到的形而上学问题并非毫不相关，而是可能以某些仍需探讨的方式与之配合。因为我们在后现代时期很难承认的现代主义的基本特征之一，恰恰是它的超美学甚至反美学的使命——伟大的现代主义作品的意愿，就是要成为某种高于艺术的东西，超越一种纯装饰性的和烹饪式的美学，达到一个以各种方式被确认是预言的或先验的、想象的或宇宙的领域。在这个领域里，美学和伦理学、政治学和哲学、宗教和教育，全都一起纳入某种最高的使命。这种现代主义形式生产的使命，今天可以被卢曼（Luhmann）和哈贝马斯说成一种“否认区别”的使命，即取消复杂的现代工业社会日益增加的分化层次，而这在充分发展的后现代主义当中，无疑会受到最严厉的怀疑和批判（对此我不想在这里概述，但我觉得这种怀疑和批判是有说服力的、适当的，就像现代主义设想本身一样高尚而令人赞赏）。

对此我想我们一定仍然有矛盾心理，但不论我们采取什么态 81
度，某种伽达默尔（Gadamer）甚或某种本雅明（Benjamin）的编史的或实际上历史主义的问题，仍然会令人陷入困境，这是理解或联系的困境，是了解一个时代的方式的困境——这个时代的感情结构至少与我们自己的大不相同。可以肯定，这种历史主义的困境使它自己面对过去的所有客体，然而矛盾的是，对于许多产生于其他生产方式而非我们自己生产方式的客体，这种困境并不那么明显。也许正是因为现代主义对应于我们自己生产方式的一个更早的阶段，即资本主义的第二阶段或垄断阶段或帝国主义阶段（我们现在已经达到它的第三个阶段或多国的、信息的阶段）——也许正是因为我们在这里必须面对同一制度的两个截然不同的阶段——所以我们与过去的问题才变得尖锐起来，才显得更加自相矛盾甚至极令人反感。不过，我们对现代有这样一个问题的事实，在我看来不容怀疑（在其他语境里，这也被称作标准的问题），而且我很想借用海德格尔对形而上学本身的思考，并论述对现代主义问题的某种基本的压制或疏忽与忘却。但海德格尔自己是个现代主义哲学家的悖论——如果我可以这样说的话——却表明或暗示着一种解决办法：因为作为一个现代主义者，海德格尔以存在的善忘性为主题，而存在本身甚至作为一个问题，在他整个现代主义哲学的善忘性里也已被忘却。因此，伟大的现代主义者很可能自己也以某种方式，以我们迄今尚不能发现的一些方式，对现在我们面临的这一真正的历史主义问题进行思考，也就是说，对他们自己的文化的可能性和存在的消失进行思考。

如果普拉东诺夫因此幸存下来，以某种新的、特殊的、迄今尚未被理论化的方式，在现代主义的所有形式于其他地方普遍溃败的情况下幸存下来，那么这种幸存本身一定会同时变成一个问
82 题和一种解决办法。例如，正是这种乌托邦的倒退或古老的本质——与农民相联系，而不是与大量现在已完全过时的那种现代

时期的未来主义城市乌托邦的发达的工业技术相联系——在实际上完全城市化的环境中，在自然、前资本主义的农业方式和农民本身都已彻底消失的情况下，很可能与它今天对我们的现实性有某些联系。

这种特征似乎与文本生产的前提的更一般的问题相关，或者说与文本生产的可能性条件相关。这可以以我们现在必须更直接地面对的文本《切文古尔镇》为例来说明。在这部作品里，通过对农民生产方式本身的破坏，农民与土地的关系得到了过分的肯定或成倍的加强。作品写作的时间（1927—1928 年）清楚地表明，《切文古尔镇》与斯大林强制集体化的暴行并没有什么联系，更不用说与恐怖或古拉格体制相关，因为这些都在该书完成之后才出现。事实上这是一部历史小说，人们认为其开始的时间稍稍早于 1917 年的革命，终止于 1923 年新经济政策之后的某个时间。在一场迟来的大决战中，就像在挪威神话里那样，切文古尔的乌托邦村庄被反革命土匪彻底摧毁，村民全被杀害。人们觉得，对于乌托邦作品如何收尾的难题，这是一个正确而又出人意料的解决办法：它突出了这一特定乌托邦与构成其前提条件的暴力和苦难之间的基本关系，所以不同于许多传统的乌托邦文本（作品），因为后者意欲以某种方式解决或消除否定的事物本身。

实际上，小说的开始也预先假定了痛苦是它最基本的素材：贫困确实有效地发挥了作用，通过贫困，剥去了世界和事物的外表，
“巨大的、崩溃的自然世界”（34/39——前一个数字指安东尼·奥尔 83
科特［Anthony Olcott］的英译本页码［Ann Arbor：Ardis，1978］，后一个数字指普拉东诺夫俄文原版的页码［Minsk：Minsk Universitetskoe，1989］，以下凡关于此书的页码参照均是如此）作为生存本身的真实基础逐渐地展现在面前——一片荒芜的景象，覆盖着枯萎的植物，到处是裂口和陷窟，人的肌体在上面痛苦地

慢慢爬行，要不就靠生存本身的经验茫然地坐着。于是，这就成了第一个阐释的时刻——清理表面，治疗创伤，消除不真实的东西。它在这里实现了，不仅通过内战，而且首先通过战争和沙皇制危机所造成的严重的饥荒。这饥荒破坏了一个古老村庄生活中一切稳定和传统的东西，不仅使那些曾是其主要成员的人获得了西方圈地运动所造成的那种可怕的“自由”（马克思称之为农民从土地上“解放”出来），而且还使他们准备好被重新集合起来进入新形式的集体生活——这种集体生活在切文古尔的农民乌托邦里将找到它们最终的理想形式。于是，可以出现这种情况的景象就成了对那些因素的安排，就是说，随着他们在两个世界之间的徘徊，对那些因素所做的那种奇特的、分散的、过渡性的安排：

> 德万诺夫（Dvanov）回家的路很长。他怀着那种阴天时抑郁寡欢的心情走着，观察着秋天的大地。天上太阳偶然露出，阳光洒在草上、沙上，洒在贫瘠的泥土上，与它们交流感受，没有丝毫的意识。德万诺夫喜欢太阳这种不声不响的友谊，喜欢它以阳光赞助大地的方式。(58/66)

这里分散的宇宙因素（它们的无意识的、模糊的互相帮助，被奇特地描写成一种“不声不响的友谊”），好像是从遥远的地方预
84 示并模仿人类自身的关系，灾难和剧变使他们分裂，破坏集体，痛苦地变成个体，然而他们又互相转向对方，不时尝试尚未发展的种种类型的关系。

这里，利用这个非同一般的文本，我们决定把现代主义、“第二世界”的文学和乌托邦的问题联系起来。因此应该回忆一下这与西方出现现代主义时刻的相似之处和不同之处，回忆一下

与现代性的剧变的相似和差别，因为按照真正的韦伯式的方式，这种现代性的剧变把传统的结构和生活方式打成了碎片，扫除了神圣，破坏了古老的习惯和继承下来的语言，使世界变成了一系列原始物质材料，需要理性地对它们加以重构并使之服务于商业利益，并以工业资本主义的形式对它们加以控制和利用。在西方，发生在存在主义身上的事情——关于韦伯的非神圣化的更深刻的参照——可以在时间领域里进行极富启迪的观察：一方面可以根据时间的可测量性（工作日，爱德华·汤普森［Edward Thompson］生动地描写的那种在工厂里为占有计时器进行的斗争）利用时间，另一方面时间又会变成存在本身那种深不可测的、像植物一样生长的时间，不再用神话或继承的宗教来掩饰。正是对时间这种新的不加掩饰的经验，才在西方——在关键的1857年，即波德莱尔的诗歌年和福楼拜的第一部小说出版年——产生出对“现代”的最早的表达。通过剥去用以掩饰人类的短暂性并使之习以为常的那些传统的表现方式，现代化为一个漫长而僵滞的阶段揭示出其存在的裂痕，透过这种裂痕，时间消逝的不可确证性不可能不被看到，而波德莱尔确实看到了这点，他把它称为“失调”，尽管计时器仍然滴滴答答地运转，俯察毫无意义的生物，但这并不是派给你什么任务，而是谴责你继续像植物一样生存。 85

这是历史的境遇。在这种境遇里，在现代时期，存在可以再次于瞬间被揭示出来：根据工业时代新的人为的暴力和以雇佣劳动形式出现的金钱暴力，存在本身质疑以前对生存的辩解和理性化的掩饰（大部分属于某种宗教类型），并以此作为它的可能性的历史条件。我认为，海德格尔并没有告诉我们——也许他对这样的思考不感兴趣——对于他所指出的那种“原始的”形而上学的经验，人们该如何去想象可能的历史条件。我指的是所谓前苏格拉底的哲学家们的表达和阐述，由于新生的商业对小亚细亚早期文化的影响，它们像是产生于一种生活经验的世俗的断裂。

不过，对于存在的善忘性和形而上学问题（“为什么存在某种事物而不是空空如也?”）的看法，人们想要补充的是，形而上学**必须**永远被忘却，在任何一段时间，人们都不能容忍居于这种存在的空间之内，无所事事，而只能经历他们生存的不可确证。失调——我们内部植物性时间的有机感——希望被压制、否定、忽视、隐蔽，并最后被理性地排除出存在。于是，工业资本主义的出现或韦伯的理性化所构成的与自然的巨大断裂，会同时带来它自己的神话和解药，并伴随着带来它自己的掩饰和客观的非现实性，以便掩盖它迅速打开的裂口。这些新的原创的诸方面的掩饰、截然不同于存在本身的诸方面的多层次的现象，在我们的社会里无疑是追求利润的动机，是金钱和抽象的新的、人为的作用，同时也是对商品的物神崇拜，是对制造的产品构筑的一道
86 围墙或围栏，其中劳动被隐藏起来，然而从中又以巨大的魔力神秘地产生出对价值本身的迷恋。因此，不论在美学上还是在哲学上，按照我们发现的适用于这里的海德格尔的修辞，西方现代主义可以说是不断进行的记忆的尝试，就像舌尖上的一个词似的，初次瞥见的存在立刻被商品生产铲开，仿佛进入了一个巨大的坟墓。（于是，在那种意义上，后现代主义构成一个时刻，其中忘记的记忆肯定已消失，结果我们甚至不再记得已经将它忘却。）

普拉东诺夫的作品里也是如此，其中对世俗有机时间的伟大的初始经验也得到了恢复，但它被置于一个荒凉的农民景象的框架之内，而不是波德莱尔那样的城市之中。这种新的时间的节奏是更夫（一个被遗弃的村庄里的孤独的幸存者）的时间：

> 在鸣钟报时之后，更夫仍然站在教堂的前廊，羡慕夏日的前行。他的闹钟经过长期计时已经不准，于是年纪大了

> 后，更夫开始感觉时间，他对时间的感觉灵敏精确得就像对悲伤和幸福的感觉一般。不论他做什么，甚至在他睡觉的时候（尽管上了年纪，生命力比睡眠更强——这是警觉，是个别分钟的问题），只要一个小时刚过，更夫就感到某种警示或欲望，于是便会敲钟报时，接着又平静下来。(9/11)

这种对时间的奇特经验——即列维-施特劳斯在法文字义上所说的在自然状态下任其生长的（就像在这里干旷草原上到处都有的牛蒡那样生长的）“野性的”经验——在其他人物身上重复出现，通过他们乌托邦思想的差异和奇特的性格表现而折射出来。对此我们将马上加以讨论。例如小说中的隐士，他“从生下来就感到 87
惊讶并如此生活到老年，一双蓝眼睛挂在他年轻的脸上”(4/5)，他永远对其他人所做的一切感到惊奇。年迈的扎克哈尔·帕夫洛维奇（Zakhar Pavlovich）本人也是如此，“他的尖刻的面孔疲惫到了忧郁的地步”(3/3)，懒洋洋地漫游世界，像普拉东诺夫笔下的许多人物一样。就帕夫洛维奇而言，他“对任何东西都有些过分地不感兴趣，不论对人还是对自然，只有各种机械玩意儿是个例外。由于这种情况，他以无所谓的温和态度看待人和土地，不去侵犯任何一方的利益”(3/3)。最后还有主人公萨沙·德万诺夫（Sasha Dvanov）自己的铭文，他还是个孩子时，在他父亲的墓边挖了一个坑休息：“爸爸，他们把我赶出来行乞。现在我快要死了，来到你的身边。看来你一个人孤零零地会觉得厌烦，我也厌烦了。”(19/22)

但奇怪的是，最终极其令人惊讶地表现这种人的厌烦的，却恰恰是事物本身，仿佛是为了用某种新的物质媒介来代替钟表的故障，从而可以衡量并看见经验的事物。所以小说一开始便是大量遭到破坏和遗弃的物体：“在古老的乡间小镇，四周一片腐败。

人们来这里生活完全出于本能。”（3/3）但是，在旱灾和饥荒时，当村庄本身也被遗弃时，人为的、人造的——如果不是工业的——物体返回自然状态，则是自然生存终结的一种彻底颠倒的形象：一种不是机器或机器人疯狂运转的反乌托邦——虽然城市的居民可能会这样幻想——而是农民对森林的复归感到恐怖的一种反乌托邦，在这里鲜花突放不是奇迹而是灾祸，新的生活意味着与人对立：

> 篱笆墙因遭遗弃也开了花。篱笆墙上绕满了蛇麻草和旋花，有些桩子和枝条已经生根，人若不回来很可能长成树
> 88 丛。井干枯了，蜥蜴穿过木架自由地爬了进去，在那里躲开酷热休息繁殖。扎克哈尔·帕夫洛维奇还对毫无意义的事件大感惊愕，地里的谷物早就死了，而黑麦、燕麦和亚麻在小屋的茅草顶上渐渐地变绿，蒺藜在那里窃窃私语。它们已经从茅草里的种子中发出芽来。黄绿色的田鸟也飞进了村里，干脆在小屋的更干净的地方住下，而麻雀则成群地从屋檐上落下，扇动翅膀唱着它们自己熟悉的歌。
>
> 扎克哈尔·帕夫洛维奇经过村子时，看见一只韧皮纤维鞋，因为没有人这只鞋也活了，找到了它自己的命运。它已经长出红柳的嫩芽，而其他部分已在泥土中腐烂，在未来会长成灌丛的根芽上保持着鞋的样子。鞋底下可能有些更潮湿的泥土，因为许多灰白色的草叶正挣扎着穿过它钻出。在村子里所有的东西当中，扎克哈尔·帕夫洛维奇特别喜欢韧皮纤维鞋和马掌，在所有建筑中他特别喜欢井。（9/10）

这段精彩的描写证明了普拉东诺夫文本的独特性质，它像所有深刻的现代主义作品那样，倾向于一种神圣的或圣经式的地

位。我不想为韧皮纤维鞋作什么评注，例如说它暗示着肉体的复活，我只想指出作品前面这段话如何训练我们对寓言符号作一种原始的解读。我将马上谈到普拉东诺夫语言的非人格性（对我们来说还不是一种个人的风格），但似乎应该在这里补充俄国说话者关于它的扭曲的独特性所提供的证据，例如它的简单的句子蓄意通过农民式的不合语法走样变形，使这种言语植根于土地，植根于农业阶级缓慢的理念思考——然后又反过来警示更有经验的 89
读者放慢速度，使这样一些词语在眼前转来转去，仿佛是自然形成似的。然而，就其真正的性质而言，现代主义必然渴求超越自己，超越美学，跨越美学或反美学，超越某种纯个人的、使命是提供装饰的愉悦并被消费的艺术作品，确切地说，它渴求在社会上获得那种已经不复存在的预言家的地位或神圣的地位。所以人们必须阅读普拉东诺夫的作品。克洛代尔（Claudel）声言兰波（Rimbaud）临终时喊道："他们不会相信我的！他们对我根本没有信任感！"伟大的现代文本（作品）一般都要求这种相信或信任（但并非总值得信任），也正是这一点才使所有关于现代的严肃评论发生变化，转向海德格尔沉思中那种有些油滑而认真的严肃性。

但是，在这种产生于"第二世界"现实的乌托邦形式中，我们发现了某种更有力量的东西——不论是对存在的静态思考，还是西方那种对艺术作品的徒劳的渴求（渴求一部艺术作品不仅是艺术，而实际上是"世界"本身），都不如这种东西更有力量。因为在普拉东诺夫的作品里，这种世界萎缩、破坏偶像并以暴力和痛苦清除旧世界的第一个阶段，本身就是重建某种其他事物的前提。必须先有一个绝对内在性的阶段，使农民的绝对内在性或天真无知处于空白，然后新的、不曾梦想过的感觉和情感才会形成：

> "那些词叫作什么，就是不可理解的那些?"科朋金(Kopenkin)谦虚地问，"是皮肤病理学还是别的?"
>
> "叫作术语。"德万诺夫简单地回答。他心里更喜欢无知而不是文化，因为无知是一片赤裸裸的原野，而文化是已经长了庄稼的原野，再不能种任何东西。正是出于那种原因，
> 90 德万诺夫才高兴革命在俄国彻底清除了一些有文化萌芽的地方——而那里的人民保持原来的样子——肥沃的空地。而且，德万诺夫不急于在上面播种任何东西。他觉得那绝好的土壤不会自我保持多久，一定会自发地生出某种绝对是新的而有价值的东西，只要战争之风不从西欧把资本主义野草的种子和孢子刮过来就行。(108～109/121)

这是在语言之前的一种无知，一种意识尚未发现与它本身有任何距离或形成任何观念的内在性：

> 甚至最简单的观念——他们为什么样的幸福而生活——甚至那种观念也没有进入可怜的村民的头脑。没有一个施舍者知道什么样的信念、希望或爱会给他们在沙土路上行走的双腿带来力量。(31/36)

因此，这种破坏和清除的第一阶段——我在前面某个地方以乌托邦的话语称作"世界萎缩"的阶段——会接着出现一个过程，但若把这个过程称作重建或乌托邦的建构则过于简单而令人费解，因为事实上它包含着首先寻找一种方法的努力，即如何开始对乌托邦进行想象。也许，以一种更西方的、精神分析的语言——特别参照弗洛伊德主义在歇斯底里中的始源——我们可以认为新的乌托邦过程的突然出现是一种对欲望的渴求，一种对欲望的了

解，对最初被称作乌托邦的欲望的创造，同时也是关于这样一种事物的幻想或白日梦的新规则的创造——一套在我们从前的文学机制里没有先例的规则（即使它们将不得不以某种方式与我们从前的文学或叙述习惯达成妥协）。

现在我想通过其各个辩证阶段来探讨这个过程，就是说，通 91
过互相连续的表现时刻来探讨，它们通过修改竞赛规则和每个阶段隐含的表现概念本身而互相接续。我首先会提到机器本身，因为在刚刚引用的一段里——也是为了说明这部小说开始的一个独特的人物——恰恰是“一种对机器的理解”，才表明它是“穷人被剥夺了的”那种权利，是“他（扎克哈尔·帕夫洛维奇）得到回报的”那种权利。然后我们会看到对社会主义或共产主义的追求如何模仿神话故事，以及这个乌托邦中的人物在他们奇特的外社会或后社会的（asocial or postsocial）孤立中的荒诞不经的方式。接下来我们会看到乌托邦冲动的驱动力量，它反复被描写成一种穷困的躯体挤在一起取暖的情形。在那个时刻，乌托邦的想象、乌托邦白日梦的幻想逻辑，便开始产生它自己内在的批判，破坏叙述本身的真实成就：这些过程以迥然不同的、相对不相关的方式再现某种类似乌托邦内部的非对抗性的矛盾，采取游离出来的人或边缘人（这在普拉东诺夫的戏仿的官僚政治的语言里被称作“混杂的人”）的形式。

于是，第二次的破坏或内在的怀疑以普拉东诺夫的性的形式（以及小说后面对妇女有意思的对待）自我显现出来。这两种叙述的自我批判——其中乌托邦的想象对它自己的形象进行了挑战，并产生出一种新的东西，使它不可能充分接受或相信旧的形象和更早的叙述方式。这两种边缘性和性行为的题材，无疑是极富当代性的，仿佛它已经预见到一个新的左派对旧左派的挑战，
预见到在后现代时期一种现代主义的革命政治本身如何受到怀 92

疑，它的范式又如何遭到破坏。

不过，虽然在最后这个题目之下可以讨论这种内在的、叙述的自我批判，但它却是一个非常旧的、典型的现代主义的题目。实际上，可以说它包括了我们后现代人认为在高度现代主义自身（即反讽）当中那些最不能接受和容忍的价值和原则，也包括了一种反讽观点对叙述的乌托邦最初的真实计划所提出的极不相同的挑战。像所有的反讽形式一样，普拉东诺夫在《切文古尔镇》里的反讽也是不确定的，就是说，《切文古尔镇》是否应该首先被认为是反讽的这个问题，其本身就完全是反讽性的。但是，由于小说不仅是乌托邦的，而且还是现代的，所以这个反讽问题不论是否成立，它都会成为这一讨论不可避免的热点问题。而且非常明显的是，它还必然以同样的程度决定今天整个第二世界文学的命运和地位，因为在今天，这一范畴本身很可能已经使许多人觉得它是个反讽的范畴。难道只有在今天社会主义才能以反讽的方式进行描述或讨论？这就成了《切文古尔镇》提出的最后问题。当然这个问题也可以用完全不同的形式提出，例如用反讽本身在后现代时期是否仍然可能这样的问题形式提出。

现在再回到机器本身，可以说不言自明，不仅现代主义，而且还有现代的乌托邦叙述，在西方基本上都是城市的形式和经验，与工业城市及其新的世俗社会阶级相联系。而在俄国，正如我们已经看到的，它必须在一种农民的背景下实现，在一个拥有为数不多但高度集中的无产阶级核心区域的半边缘性的国家，在一个帝国主义世界体系（如粮食市场）的力量范围之内，最后，在 1914 年以后最现代的、实际上是未来主义的工业战争形式的影响之下，它采取了只能间接算工业的一些暴力混乱方式。

93　这并不意味着普拉东诺夫忽视了工业。恰恰相反，他是从农民的立场出发，以一种扭曲的、想象的观点看待工业的。实际上，正如许多伟大的辩证都是从最古老的阶段跳到最先进的阶段一样，从农民的立场出发，具有一种西方工业经验不曾有过的尖锐性（除了在不太发达的工业国家，例如，并非偶然的是，未来主义对机器的赞美出现在意大利而不是英国和德国）。这里，农民对机器的想象——认定它始于手工业——被风格化了，并且像在哈哈镜中那样被放大了。“无产阶级”，我们被告知，“并不赞美自然，反而用劳动破坏自然”（227/252）；同时，在小说里经历并表现出工业情感的人物，则开始作为一种着了迷的能工巧匠和发明家出现：相信“只要自然的原始材料不被人的手触碰，人们就不会发明出任何东西”（3/4）。扎克哈尔·帕夫洛维奇

> 能够修理或装配各种东西，但自己却过着什么设备都没有的生活。从煎锅到闹钟，凡是经过此人的手，没有修不好的。他从不会拒绝给人换鞋底，铸造打狼的散弹，或者压制伪造的勋章在旧式的集市上出卖，但他自己从未制作过任何东西，不论是家用的东西还是居住用的……他对任何东西都有些过分地不感兴趣，不论对人还是对自然，只有各种机械玩意儿是个例外……（在小说开始所描写的大饥荒和旱灾期间）为了忘记自己的饥饿，扎克哈尔·帕夫洛维奇一直不停地工作。他学会了如何用木头制作他曾用金属制作过的各种东西。（3、4/3、5）

实际上，正是帕夫洛维奇的木制煎锅——后来我们将会看到它成了切文古尔村庄的标志——使我提到的老隐士（无可非议地）大 94
感震惊：“然而，帕夫洛维奇把水倒进木煎锅里，用慢火成功地将水煮开竟未将煎锅烧坏。隐士惊得目瞪口呆。”（4/5）

这就是那种会对机器显出未来主义兴奋的人物，而这种兴奋

在对铁路的心态中突出地表现出来——他的“身体因火车轮子的转动和火车迅速的吐气而愉快地发痒，一滴滴对机车同情的眼泪湿润了他的眼睛”（11/13）：

> 他能在机车炉膛的小门前一连坐上几个小时，望着里面燃烧的火焰。他觉得这是巨大的享受，可以代替友谊和与别人的谈话。扎克哈尔·帕夫洛维奇一边望着燃烧的火焰，一边体验着自己——他觉得自己的头脑在思考，心里在感知，整个身体都在静静地享受。帕夫洛维奇重视煤、角铁、一切沉睡的原始材料和形态粗糙的机件，但他真正喜欢和唯一动情的却是已经制成的东西，即通过人类劳动制造出来并能继续独立存在下去的东西。（27/31）

于是，扎克哈尔·帕夫洛维奇酷爱机器的故事，似乎成了这部小说的序幕，或者说它的前奏。他对机器或技术本身所提供的“普遍的、根本的改进”（41/47）感到幻灭的部分，我们留到后面再谈。这里他好像放弃了他的未来主义舞台，酷爱机器这种情感的消失在他心里所留下的空白，现在将由酷爱社会主义的情感来补充，由叙述的主线来补充，小说的主人公也变成了帕夫洛维奇的养子萨沙·德万诺夫。

这是一种神话故事的叙述，其中萨沙和其他人物宣称要找到他们缺少的那种神秘的东西，像那蓝色的鲜花，上面带有“社会
95 主义”的名字。他们梦想得到它，但却无法获取它的形象，极像在乌托邦话语自身里那样，成了一个它自己的内容和结构的表现问题——如何获得那种表现的问题，实际是如何实现叙述变成叙述过程本身的问题。这就是萨沙睁着双眼在夜间做的白日梦：

> 德万诺夫想象着北极冻原上的黑暗，从地球上温暖地方来的人到那里生活。那些人建造了一条小铁路，运送木材建造房屋，恢复他们失去了的夏日气候。德万诺夫想象自己是那个运送原木建造新镇的木材运输线上的火车司机，并假想他在做一个司机的所有工作——他穿过车站之间荒凉的路段，给火车加水，在暴风雨中鸣着汽笛，刹车，与他的助手说话，最后在他的目的地北冰洋的岸边睡着了。他在睡梦中看到，大树在灰白的土壤上生长，它们周围是一片虚无缥缈的、几乎没有光亮的空间，还有一条空旷的道路默默地伸向远方。德万诺夫嫉妒这一切。他想把树、天空和道路都聚合在一起，使它们适用于自己，从而在它们的保护之下不会有死去的时候。德万诺夫还想记住其他东西，但这要付出比记忆更大的努力，而随着他的意识进入睡眠，他的思想也消失了，就像一只鸟儿在车轮开始转动时从轮子上飞开似的。(60/68～69)

事实上，在普拉东诺夫的小说里，最吸引人、最有独创性的就是这种乌托邦过程的内在心理，其唯一明显的主体活动在这里以这样简练的形式表示出来。真正标志德万诺夫狂热梦想中纯个人谵妄的，是下面这句含蓄的正面说法：“朦胧的睡眠多么令人厌烦。 96
什么地方都没有人，而且他现在看到，全世界也没有多少人。”(59/68)

不过最后，乌托邦的动力，不论以宗教或救世的方式表现出来，或者以圣杯那样的象征表现出来，抑或在这里以魔幻的**社会主义**一词表现出来，似乎都与其他人的这种恢复相关。但是，它的概念的困难，它的系统阐述和表现的困难，这时立刻会通过一种忘记逐渐表现出自己——仿佛乌托邦也是回忆，是对自从诞生之前就既忘却又认知的某种事物的深刻的恢复。于是，这种奇特的冲动驱使人们从熟睡中醒来，毫无警示地使他们离开自己的家庭而热爱他人，开始做无计划的旅行（于是德万诺夫“更远地走进那地方的深处…… ［他］不知道在哪里停下。当水在干旱的高原上开始闪光时，他想到了时间。那将是社会主义”［65/74］）。实际上，在小说的前面，在德万诺夫与索尼娅（Sonya）都感到意外的重聚之后，他突然离开索尼娅恰恰是那种奇特而无动机的行动，而这种行动（我们将会看到，与普拉东诺夫其他文本中其他类似的事件一起）似乎会引起某种精神分析的解释。

但是目前，从德万诺夫又一次狂热的觉醒里，我们真正将要追寻的却是对乌托邦冲动的这种杰出的、后瓦格纳（Wagner）式的说明：

> 他开始不停地摇摆。他在梦中吓到了自己，觉得他的心脏要停止跳动，他一下子醒了过来，坐在地板上。“可是社会主义究竟在哪里呢?”德万诺夫记起来了，凝视着房间里的黑暗，寻找他自己的东西。他觉得他曾经找到了它，但后来睡着时在这些陌生人当中失掉了。德万诺夫怀着将受惩罚的恐惧心理走到外面，没戴帽子，只穿着袜子，他看看危险
> 97 的毫无反应的夜晚，然后穿过村庄向他自己的远方冲去。(79/89)

这是一次迷惘的漫游，他永远不会回来了，但在漫游期间，几夜之后，他将又有新的，甚至更奇特的发现：

> 某人睡眠生活中少有的声音停了，德万诺夫也醒了过来。他记起他一直为索尼娅拿着卷饼的情景。当时有一堆油

油的卷饼。现在这情景在炉子上看不到了。德万诺夫小心地爬到地板上，在下面寻找那种情景。他的一切精神力量都转变成对这情景的苦恼。他浑身颤抖，唯恐失去它。德万诺夫爬着，开始轻轻摇晃睡着的人们，以为他们把那种情景藏在了身下。睡着的人翻过身，身下只有光秃秃的地板。任何地方都找不到那种情景。德万诺夫对他的遗失感到惊恐，像受了伤害似的突然痛哭起来。(82/93)

这段非同寻常的描写是乌托邦冲动的精神病理学，它要求一个属于它自己的、以它自己为根据的弗洛伊德。那堆香甜的卷饼也是社会主义。在最深层的无意识的思想里，失去的客体或“小的东西”是多重形式的，内心的欲望既是物质的、自己制造的某种东西，可以作为口头满足的来源和对爱人的礼物，同时也是某种非常复杂的东西，可以作为对人们所能构想的可作为他们对集体生活的理想和对世界本身的理想的一切事物的抽象——所有这一切，根据已经失去或取代的方式，在其他不理解的人们中间疯狂地进行摸索，而这些人在半睡眠状态下咕咕哝哝地咒骂一个看似精神错乱的人。

于是，在更长的叙述里，这种探索被形式化成了神话故事或普洛普（Propp）的系列冒险故事：萨沙以布尔什维克科朋金的方式得到了他的桑乔·潘萨（Sancho Panza），而他的马——“无 98
产阶级的力量”——和他的情人则采取了罗莎·卢森堡（Rosa Luxemburg）的一种幻想的形象。与此同时，事情本身最终也将呈现出物质的和地域的性质：

“你从什么地方来，看上去那个样子？”高普纳（Gopner）问。“来自共产主义。听过这地方吗？”来访者回答。

> “那是什么样的地方，是以纪念未来而命名的一个村子吗?”这人兴高采烈，因为他有个故事要讲。
>
> “你说的村子是什么意思？你大概不是党的人吧？有一个地方叫那个名字，是全国的中心。过去的旧名叫作切文古尔……我们已经结束了我们镇上的一切。”
>
> “看在上帝的份儿上，告诉我，结束了什么?”高普纳不无怀疑地问。
>
> “整个世界的历史，那就是一切！我们还需要它干什么?”(145～146/160～161)

但是，这里神话故事和卡通或动画片结合在了一起，而乌托邦和怪诞也开始结合。例如在结尾处，当官僚从莫斯科来到这里对村子进行评判时（关于这个村子他意味深长地说：“切文古尔没有任何执行委员会，但却有许多幸福**然而无用**的人”［310/342，黑体为詹姆逊所加］），他第一眼看到的情况如下：

> 那天早晨，塞尔比诺夫（Serbinov）看见一张桌子上放着个冷杉木做的煎锅，在一个房顶上，有一面铁旗挂在一根杆子上，那是一面不会随风飘摇的旗子。(308/340)

这些是扎克哈尔·帕夫洛维奇的得意的发明：它们与这最后一个
99 村子的审美完全一致，这个村子不懂艺术，但它最终为自己的村民们树碑立像，因此你和我这些仍然活着的人，在巷子的拐弯处很可能会碰到我们自己粗糙的泥土偶像。然而乌托邦里这种艺术的幻象（对此罗伯特·C·艾略特［Robert C. Elliott］早就警告过我们，在乌托邦的文本之内，艺术的幻象总要被认为是已经获得的幻象的最深刻、最可靠的标志之一），本身就标志着人类生活在切文古尔的转变。

这里我评注阿多诺的一个基本概念，即我们在西方视为个性的东西，我们觉得以某种方式描绘基本人性之要素的东西，只不过是些标记和疤痕，是暴力的浓缩，是所谓文明的人类将自我保存的那种本能内在化的结果。若无这种自我保存的本能，在这个堕落的社会或历史里，我们所有的人都将毁灭，完全像那些不幸的人，在他们的次级神经系统里，生下来就没有警示冷热或痛苦欢乐的触觉。“对这样一种一般地取消生存本能需要的后果进行思考（这样一种取消通常来讲就是我们所称的乌托邦本身），使我们大大超出了阿多诺的社会生活世界和阶级风格（或我们自己的风格）的界限，进入一种由不合时宜的人和怪人构成的乌托邦。在这个乌托邦里，对统一化和一致性的压制已经消除，人类像处于自然状态的植物那样疯狂地生长。不是托马斯·莫尔（Thomas More）那些人，因为在他们身上乌托邦文本的奇迹已经使社会性根深蒂固，而是奥特曼（Altman）在其《大力水手》（*Popeye*）的开始所写的那些人（或者 P. K. 狄克［P. K. Dick］在《阿尔芬月球的部族》［*Clans of the Alphane Moon*］里描写的那些人）——他们不再受一种现在的压迫的社会性的压制羁绊，而发展成了神经病患者、强迫症者、迷妄症者、妄想狂患者和精神分裂症患者，虽然他们的社会认为他们是病人，但在一个真正自由的世界里，他们会形成‘人性’本身的动植物群体。”

现在，由于预想不到的回溯性，《切文古尔镇》描写的那个世界，它的农民的乌托邦人物，全都像他们个人的迷妄一样独 100
特，就像那个“认为自己是上帝并无所不知的人，他按照自己的信念，放弃了耕作，直接以土壤为食。他总是说，既然粮食来自土壤，那么土壤一定有它自己独立的充足的营养，唯一需要做的是使你的肚子习惯它”（66/75）。正如普拉东诺夫谈到党员时更具体地告诉我们的，这些人物一般都是：

> 互不相像。每张脸都有某种本地形成的品质，仿佛这里的人以他自己坚实的力量，从某个地方把他自己抽了出来。人们在千百张面孔中也能够区分出那种脸来：那是一张坦诚的脸，由于长期紧张而显得阴暗，还显得有些怀疑。如果这些非同寻常的、在本地长成的人们在他们的时代受到怀疑，他们就会遭到毁灭，因为他们表现出像孩子一样的头脑发热的狂乱，普通的孩子以这样的狂乱战胜妖怪和动物，既感到恐惧又感到激动快乐。(142/157)

像所有伟大的现代小说家一样，普拉东诺夫的作品也有一种对人物真实范畴的含蓄的反映——并由此通过间接的含义反映出精神主体：在所有伟大的现代作品里，通过它们各自不同的方式，这种主体从日常其他主体常见的窠臼中解放出来，具有性格化的性质和特征（或按照穆西尔［Musil］所用的“Eigenschaften”一词译作“品质”），并且它已经开始发展变化，走向那种“疯狂，无与伦比的怪物，比一切都好，一切存在都为它自己，把自己喜欢的一切都揣在心里”（马尔罗：《人类的境况》）。在普拉东诺夫的作品里，这种在个人主义结束之后才能达到的真正的个人同一性，同样与等级制度的结束密切相关（“在那些日子里，没有名人担任确定的干部职务，所以每个人都感到他自己的名称和意
101 义”［144/159］）。不仅如此，它还与种种概念性相关，与用途和用途的对立面相关（记得切文古尔的人被描写为虽然幸福但却无用之人）。于是，莫斯科来的代表对萨沙如此解释他久已失去的爱人：“她记着你。我已经注意到，对你们切文古尔这里的人来说，人们对于彼此像是一种概念，你对她也是一种概念。”

(320/353) 换言之，为了独特和怪诞，一种卡通人物，一种过分的迷恋，同样不会适用于任何旧的人性的模式，不可能以有效的或工具的方式来运用。而且，在这个乌托邦里，除了太阳之外没人工作，因此人们也不可能再被运用（“这些相邻的、不认识的人们，按照他们独自的规律生活”［52/66］）。这些是“离开帝国主义来度假”(178/199) 的人，他们当中每个人“都有同一种职业，那就是他们的灵魂。我们不建立商业，但我们已经建立了生活”(261/287)。

但是现在，我们需要在提到的灾难境况和经验中，更仔细地观察这一“休眠时代”的起源，这里要包括内战中的暴力和野蛮行为。这两种情况彼此是一致的：“早上，舒米林（Shumilin）有一种预感，那地方的群众甚至可能已经想出了某种事情，甚至社会主义也许在某个地方突然出现了，因为人们一旦在害怕穷困和为需求而奋斗的情况下联合起来，他们就再也没有其他地方可去了。”(61/69) 又过了一两页之后，出现了同样的看法，即“贫困可能已经主动地结合在一起，并按照社会主义确立了自己”(63/72)。因此，乌托邦在这里是反应性的，而不是在某种静态和绝对意义上的沉思的和形而上学的：这种以最直接的方式对需求的集体表达，而不是某种空洞的关于完美的概念，才可以依附于可容忍的甚或不那么坏的事物，从而强制性地利用那种情况，继续去为自己达致某种最终完成的状态。但这对解释反乌托邦也 102
大有帮助，因为真正的关于需要的乌托邦，或者这种性质的乌托邦，其真正的本质和结构通过痛苦和灾难表现出来——它们似乎会使人马上想到，在一种比任何仅仅是精确的观念联系更深入的观念互相渗透中，它们不可能与乌托邦的幻想区分开来。因此，如果要回避对苦难的考虑，就必须也回避对乌托邦文本的考虑，因为乌托邦文本必然在其自身内部包含着对苦难的表达，以便构成对消灭苦难的愿望的实现。

这一反应系统实际上可以概括为一种完整的方法论的原则，依靠这种原则，过去的象征价值以及与具体时期密切相关的创伤的象征价值，本身也形成一个系统，并产生出对局外人并非总是明晰的意义效果。因此，忍受着过度个人主义和自己并不总能意识到的社会反常状态的苦恼的居民，很容易受到明确表达出来的关于团结和集体生活的幻象的影响。不过，非常清楚的是，这种情况反过来也同样成立，所以一直“挤在一起”不知其确定时代的人们，例如前苏联的各种居民，由于发现自己处于一系列的灾难境况之中，很可能会在日常情境下产生一种对集体的恐惧，产生一种对个人隐私和“资产阶级”个人生活的渴望，这与他们很可能会获得西方人感到陌生而不可理解的集体经验的种种范畴和习惯是完全一样的。不论反乌托邦主义的其他种种复杂的决定因素是什么——前面几页已涉及一些——这种历史的和世代的经验象征作用或效果都需要以一种特殊的解释方式来思考，以阻止那种自然化的意识形态的回归，因为这种意识形态认为：集体的努力违拗人性，人们非常自然地倾向于回到个人的生活，消费和市
103 场比政治对人类更正常也更有吸引力，等等。

但是，对政治化和非政治化的循环解释的倾向同样是非历史的，它尤其遗漏了关于特定创伤的历史内容，这些创伤决定着特定的社会投入。因此，今天在被西方视为“他者”的地方，所谓宗教原教旨主义的绝对事实所造成的催眠作用，在左派的各种失败中，实际上也是在现代化作为一种普遍幻象的失败中，掩盖了这种特殊的集体投入的根源。当历史的希望和失败的具体内容被恢复到一条既定的民族轨道上，某种简单的、“合法的”、从主动到被动再到主动的摇摆现象就会消失。因此，就美国而言，我们版本的普拉东诺夫的“挤在一起”，即《切文古尔镇》一书所唤

起的那种令人绝望的灾难，那种美国人觉得等同于饥荒和内战的灾难，可以说就是美国大萧条本身。不过，从象征意义上说，萧条在美国的环境里产生出极其不同的后果：面对这种灾难，为组织一种不同生活而作的各种集体性的和反应性的努力，在第二次世界大战的伟大的集体经验中，以一种非常不同的方式重新联合了起来。在许多方面，近代美国历史中失去的乌托邦和一种持续怀旧的源泉，几乎无法运用于其他政治计划，因为这与军事和“战争的努力”相联系。至于美国在20世纪30年代也曾经历过的那种极端贫困的经验，那种剥夺了物质世界的经验，人们将采取一种极不相同的疗法，在1947年至1948年的繁荣时期，长期的战时匮乏结束了，堆积的购买零件的订单终于得到了满足，所有新的战后产品也可以生产销售了。这种境况决定了一代人会对萧条的创伤作出不同的反应：剥夺逐渐与那些反对它的集体的构成
密切地联系起来，通过普遍的消费一切都变成了精神补偿的客 104
体，而个人主体则被商品织成的一个巨大的安全毛毯裹了起来。这种疗法既消除了危机，也消除了那种产生出来论述它的集体政治，在常常被认为是纯个人生活的洪流中，两者都被淹没了。

在这种意义上，关键是分辨个人的领域或范围，因为有关文明社会的各种资产阶级的概念，已经将那个范围理论化了。而在美国，还要分辨消费的种种病态，以及随之而来的在整个发达国家的病态：这种病态既不是人性的永恒特征，也不是中产阶级代议制或议会民主的必然伴随物。确切地说，它们是一种特别独特的、历史的、北美人的经验的结果，因此只能按照美国晚近的集体历史才可以理解，而这种历史已经被它的辩护士们具体化了，并被他们作为一种“生活方式”和价值，作为一种以其自身为根据的特殊的社会选择，投射到世界的其他地方。然而，这种选择与20世纪60年代艾森豪威尔之后一代人反对它的那种反应一样，

与人的本性并无什么联系，那代人拒绝那种反对集体的特定反应，他们采取梦想的形式，梦想实现新型的社会团结，而对于这一点，当前这代人似乎也已作出了充分的历史反应。不过，正是以这种完全相同的方式，当前东欧的反乌托邦主义才会被理解。

因此，特别值得注意的是，普拉东诺夫在他的乌托邦文本里，本应该有能力确切地嵌入那种创伤，即后来要求作为完全放弃它和乌托邦主义的动机的那种创伤：因为恰恰是这两种创伤，构成了反对社会革命（即暴力本身）的种种论点的武器库，也构
105 成了对边缘性和性别的非阶级的“同一性”的压制。这两种情况在《切文古尔镇》里都表现得非常充分，并因此使这一特定的文本好像是独特的不可确定的文本，好像是乌托邦和反乌托邦都可以诉诸的一种叙述（我们在结论中将返回到这个解释性的问题）。不过，两种革命性的过激行为都是由小团体的分离主义的逻辑决定的（因为分离主义不仅是屠杀中产阶级的问题，而且在同等程度上还是那种无法归类的边缘群体的形成的问题）。从某种意义上说，分离主义是任何一个群体重新团结的真正的先决条件，因此对于任何希望肯定集体之重要性的政治，分离主义都造成最生动而又最富悲剧性的困境：一方面，它反对一种普遍私有化的“美国化”所引起的大众文化的标准化；另一方面，它又反对各种民族主义所引起的无止境的部落和宗族战争。

在《切文古尔镇》里，真正得到强调的正是这种悲剧的含混性，其强调的方式是对屠杀所谓的“压迫分子”（换言之，即城市的中产阶级和农村的富农）保持不祥的沉默，而这些“压迫分子”“以一种有组织的、健康的方式被引进了死后的生活”（182/203）。我们将在后面再谈这一可怕的插曲，当前只需观察描写这种暴行的方式，它们如何被无情地、不加评论或毫无怜悯地写在纸上，如普拉东诺夫在其他地方所做的那样。实际上，人们很容

易把这种方式说成是一种病态的缺席或完全缺乏感情的方式。人们可以想象出支持屠杀富农的政治论据，实际上它们是在内战和斯大林强制集体化的语境中形成的（如前面所说，这种集体化是在这一特定文本之后才出现的），但那并不是普拉东诺夫在这里的意图或看法。同样我们也不能说文本中有一个意识形态的盲点，如托马斯·莫尔在他的乌托邦建构中由于对保留奴隶制采取无所谓的态度而形成的那种盲点：因为对这种实质上的处死或阶级灭绝的残忍的自鸣得意，普拉东诺夫几乎总是作详细的描写，而且可以肯定，在乌托邦的群体本身最后也遭到同样残酷而彻底
的屠杀的方式里，至少无意识地承认了血腥的杀人罪行——即使 106
后者发生在激烈的战斗中而不是作为一种预谋的政治决定。于是，屠杀在我们面前有些像是某种必须付出的代价，但主要不是为了建构乌托邦，而是为了对它进行充分的想象：在其幻想的原动力的复杂性当中，屠杀似乎超越了那种“对音乐会射击的手枪”（司汤达认为包含政治的小说是向音乐会射击的手枪）——也许更接近温德姆·刘易斯（Wyndham Lewis）在谈到“杀死真人的纸枪”时的自知之明：如果一切真正的幻想首先是白日梦，那么它必须唤醒的恰恰是现实的原则。

毫无疑问，这可以被称为一种对抗性的社会矛盾，与之并存的是众所周知的非对抗性的矛盾。非对抗性的矛盾随着亚无产阶级（subproletariat）的到来而出现，而所谓亚无产阶级指的是既非农民又非产业工人的一些人，即今天我们所说的游民、边缘人、长期失业的那些人，他们在官僚语言的讽刺文章里，在新生的苏维埃共和国的类别划分中，被简单地称作“混杂人”（大意如此）：

“你把谁给我们带来了？”切普尔尼（Chepurny）问普罗

科菲（Prokofy），“如果坐在那边土丘上的是无产阶级，那么我现在问你，他们为什么不索要他们的城镇呢？”

“那是无产阶级和混杂人。”普罗科菲说。

切普尔尼有些困惑。

“什么混杂人？又是残留的猪猡阶层？”

“你觉得我是什么人，是个爬虫还是个党员？”普罗科菲已经生气了，“混杂人就是混杂人，无足轻重的人。他们甚至比无产阶级更坏。”

“那么，他们是谁呢？他们有阶级出身，对吧？我现在
107 问你呢！你不是从野草里把他们捡来的，是不是？总有个社会地位吧，不对吗？”

“他们是被剥夺了基本权利的人，”普罗科菲解释说，“他们不住在任何地方，他们到处流浪。”（226/250～251）

“混杂人”（带着他们不祥的“非俄国人的面孔”［231/256］）的出现，引起了某种可以被夸张地称作阶级冲突的情况，或至少是阶级社会内部的紧张情况，也可以说是乌托邦本身内部社会原动力和斗争的重新出现。他们被比作“来自一片无名草地的种子”，“落在光秃秃的泥土上或者地球上的荒地附近，能够在裸露的矿石里找到营养”（231/255）。这里值得比较详细地引用一段普拉东诺夫对这些无个性的、不知名的人的精彩描述：

其他人拥有全副武装来强化和发展他们自己的宝贵生命，而混杂人只有一种依附于这个地球的武器，那就是婴儿身体里最后一丝母亲的温暖。不过，单是这一点就足以使孩子活下来，奋斗，并活着进入他自己的未来。过去的那种生活已经耗尽了来到切文古尔的那些人的力量，因此切普尔尼

> 觉得他们毫无力量，不像是无产阶级分子，仿佛他们整个一生不是在阳光下度过，而是在月光下度过。然而，在竭尽全力保持住体内最初从父母获得的温暖之后，在顶住企图把他们连根拔掉的逆风之后，在与不利的生活搏斗之后，甚至在凭借从真正的人、从有名有姓的人那里获得的收益而成倍地增加那种温暖之后，混杂人也学会了运用忍耐性，并且在他们身体的内在，形成了充满好奇和怀疑的精神，形成了能够以永恒的幸福换取一个兄弟同志的强烈的感情，虽然这兄弟 108
> 同志也没有生父和财产，但他能使人把出身和财产都统统忘掉。混杂人内心仍然怀有希望，而且是些确定的、成功的希望，然而这些希望又像失败一样令人伤感。确切地说，这种希望是：如果人们要成功地实现继续活下去并完整无缺这一主要任务，那么他们可能欲求的其他一切事物也都要成功，即使那样做需要把整个世界引向它最终的坟墓。但是，如果这一主要任务得到实现并保持下来，而基本的需要——不是幸福而是必不可少——又没有遇到，那么在尚未经历的余生中就不会有足够的时间找到它。毕竟，没有足够的时间去抓住失去的东西，或者抓住已被耗尽而从地球上完全消失的东西。许多混杂人已经走过种种开放的、不断改变的道路，结果都一无所获。(231/255～256)

然而，这一更基本的匿名性——这一最基本的个人主体，像种种原子链上最基本的原子团一样，自身能够形成一个真正平等的集体——对《切文古尔镇》中的乌托邦也可以形成一种力量的源泉，但必须用真正的巴赫金的精神对它赞颂，并期待当代或后现代对差异的赞颂。换言之，切普尔尼要正确地意识到，“切文古尔的无产阶级希望的是国际性的人，也就是遥远的、外国的、外地的人，以便与他们联合起来，使地球上全部混杂的生活能够在一棵树上一起生长”（274/301）。

不过，关于妇女在切文古尔的出现，有着某种更加根深蒂固的悲剧性的东西，当最后马车载着妓女沿泥泞的街道和木板人行道被赶进新的住处时，它提供了苏联或社会主义现实主义与美国
109 西部那种必要景象的类比。在切普尔尼对性的恐惧和坚持妇女不必漂亮的看法中，革命的清教主义得到了细致的表现并被置于一个适当的地位。尽管如此，新的成员仍然对新的社会秩序产生了他们自己的（不无道理的）怀疑：

> 这些妇女立即感到惊恐不安。以前的男人总是一到就开始折磨她们，而这些男人却坚持着、等待着，先进行训话。于是妇女们扯开她们的外套和大衣，科拉夫丘沙（Klavdyusha）曾用大衣把她们裹得严严的，一直裹到鼻子，遮住了她们张开的嘴巴。她们不害怕做爱，因为她们不爱，但她们确实害怕折磨，害怕这些穿着军大衣的、干巴巴的、耐心的男人差不多会毁了她们的身体，她们的脸上铭刻着生活折磨的烙印。这些妇女没有青春，也没有其他明显的年龄阶段。她们已经用自己的肉体和鲜花盛开的年龄交换了食物，而由于获得食物的条件总是对她们无利，所以她们的肉体在她们死去之前就消耗殆尽，远在死亡之前就消耗完了。由于那种原因，她们既像少女又像老妪，既像母亲又像年轻的、营养不良的姊妹。（314/346～347）

诚然，普拉东诺夫这种特殊形式的同情——他在这里和其他一些地方的语调非常独特——可以用多种不同的方式来解释，而这种多样性本身，则使我们接触到《切文古尔镇》最难确定和最矛盾

的一些东西。第一种选择显然是形而上学的解释，因为甚至在乌托邦里，有机的生命存在也会遭受折磨：

> “但是，你在切文古尔这里有没有痛苦或悲伤?”塞尔比诺夫问。
>
> 德万诺夫告诉他这里也有。痛苦和悲伤也是人类的肌体。(308/339)

从这种观点出发，乌托邦只不过是对集体生活的政治和社会的解决办法：它不会消除人际关系和肉体存在本身（其中包括性关系）这两者固有的紧张状态和不可解决的冲突，相反，通过消除人为的金钱和自我保存的痛苦，还会加剧那些冲突并使它们再不受任何约束。海德格尔的观点——他认为社会乌托邦的成就可以揭开隐蔽的存在本身——还揭示了处于存在核心的死亡的经验。因此绝非偶然的是，在切文古尔人无法救活一个病孩子的怪诞情景之后，那些斗士们怀疑社会主义本身的重要时刻到来了（247/272～273)。但是毫无疑问，乌托邦的功能并不是要救活死者，也不是要首先消灭死亡——死亡在这个乌托邦里被牢牢地记着，以致它的开始和结束都以自杀为例证： 110

> 扎克哈尔·帕夫洛维奇曾认识一个人，是个来自慕特沃湖的渔民，关于死亡他问过许多人，一直被自己的好奇心折磨着。这个渔民最喜欢鱼，但不是作为食物，而是作为肯定知道死亡秘密的特殊生物。他常常让扎克哈尔·帕夫洛维奇看一只死鱼的眼睛，对他说：“看——这里有智慧！一条鱼处于生与死之间，所以它才沉默而毫无表情。我的意思是说，连一头小牛都思考，而一条鱼却不会。它已经知道了一

> 切。”多年来，每每凝视着湖水，渔民总是想到同样的事情，想到死亡的意义。扎克哈尔·帕夫洛维奇试图说服他放弃这种想法，对他说：“那里没有任何特殊的东西，只有某种紧巴巴的东西。”一年后，渔民再也无法忍受这种情况，便从他的船上跳进了湖里，并在跳前用绳子把双脚捆住，以免万一会漂浮起来。其实他心里根本不相信死亡，重要的是他想
> 111 看看那里有什么——也许比生活在村子里或湖边有意思得多。他把死亡看作另一个地方，位于天空之下，仿佛在清凉的水底，吸引着他。渔民与一些农民谈论他想与死亡一起生活片刻然后再返回来的打算，有些农民努力说服他放弃，但另一些却同意他的想法。
>
> “行啊，米特里·伊万尼奇（Mitry Ivanich），不入虎穴，焉得虎子。试试吧，然后回来给我们讲讲。”米特里·伊万尼奇试了——三天以后他们从湖里把他捞了上来，埋在村子墓地的篱笆附近。(6/7)

主人公德万诺夫在切文古尔大屠杀之后也在这个湖里溺死了自己，他是这同一个农民的儿子，我们随后将以一种不同的联系再来谈他的病态的好奇心。然而在乌托邦和死亡之间并没有什么大的矛盾，前者是你为了分散自己对后者那种有机的厌烦而做的事情。

不过，第二次阅读时，我所引用的几段，并且不只是关于切文古尔妇女的那几段，将以一种基本上是精神分析的方式被解读，把它们作为普拉东诺夫对生活和性行为的一种深刻的、病态的恐惧——显然，使这种解释被普遍接受要比前面那种困难得多，然而只要没有理性化或压制的危险，这种解释的诱惑又极难回避。关于精神分析解释和精神分析批评的地位的论证，仍然是

当前迫切的、至关重要的问题，即使它的基本术语已经几乎完全被修正过了。过去一直必须为相关性辩解，不只为一种而是为多种不同形式的精神分析的相关性辩解——即使一种辩解的成功意味着在如此获得的精神分析解释和其他各种解释之间必然展现出新的关联（因为其他各种解释并未因此而失去自己的任何有效性）。但是今天，精神分析如此广泛地被人接受，竟致使它失去 112
了令人心生反感的能力，失去了具有疗效的冲击或陌生化的能力，虽然在后现代时期“无意识”本身的真实存在受到了广泛的怀疑。最终，精神分析作为一种根据和一种看似非形而上学的形而上学，在我们全都自称放弃了其他各种“最后决定的事例”的情形下，似乎已开始作为每个人求助的解释的符码而发生作用。普拉东诺夫不可能提供最佳的文本情境来辩清这些由某种制度化或标准化的精神分析所提出的新的问题，但这些问题至少在论及他的文本时必须提到，因为在他的文本里，对性行为的恐惧扮演着一种一点也不隐晦的角色，而它的影响领域似乎又很难确定。例如，进入性行为的方法孤立于生活的其他方面，采取一种充满感情的奇特的方式，目的是产生意义，而不是以任何简单的因果方式来进行自我解释。因此，对社会主义的开创的想象，另一个作家可能仅采用比喻的和修饰的方式，而普拉东诺夫实际上采用的却是预兆的方式：

> 切普尔尼坐着，担心未来的日子，因为那第一天不知怎地显得愚蠢而可怕，仿佛一位长久以来的处女，现在已成熟待嫁，而且次日每个人都得结婚。切普尔尼窘迫地用双手搓着脸，然后一动不动地长时间坐着，忍受着他的毫无意义的羞愧感。(205/228)

但是，与性行为的关系至关重要，因为它对渴求本身以及无法说明的离开提供了另一种解释（和解读）。此处的离开是指：突然在午夜抛下妻子或情人而去（正如我们已经看到的那样），或者狂热地到外面干旷的草原上漫游，以求找到“人民”。德万
113 诺夫的离开，通过在一个被称作“还乡”的更不可思议然而又奇妙地富于意义的短篇故事里的重现得到了加强：在恰恰是另外一次这样突然的、不作解释的离开家庭和婚姻之后，故事的主人公几年后被发现在邻近的一个镇上清扫厕所——仿佛这种离弃与圣徒和苦行主义的最病态的形象有某种隐隐约约的联系。不过，如果这里要求的是一种精神分析的说明，那么圣徒和社会主义两者都只不过是病态的理性思考，而《切文古尔镇》的政治和乌托邦的内容也因此从根本上令人怀疑，即使它没有被完全取消。

然而，现在又展现出第三种解释的方式，它以某种形式包括前面那种解释，但因其种种形式主义却更为通用。这种方式就是反讽本身，它是个在许多语境中都有意义的题目，包括现代主义的语境，按照标准的理解，它是现代主义最高的道德和美学成就，是其最重要的价值。因此毫不令人惊奇的是，我们必须承认，一个具有普拉东诺夫那种成就的现代主义作家，最终会在某个地方——尽管我们这里是在东方而非西方——用到反讽的基本事实。实际上，我觉得我们不可能不得出这样的结论。但是关于现代主义的价值，这里第二世界可能也有某种新的东西教给第一世界，而这种价值在后者的后现代时期已不再有效或发生作用。

在我看来，普拉东诺夫的文本至少有五种反讽形式：最明显的和最具风格的反讽无疑涉及农民语言和农民无知的不协调性，这位老练的俄国作家在这里远远拉开了与这种不协调性的距离，因为普拉东诺夫以一种几乎是零度的个人风格真正消失在他的农民人物和农民语言的背后。不过这种反讽——我们可以称之为知

识分子的反讽——本身也可能演变成一种相当不同的反讽，即共产主义战士的反讽，期待这些农民的组织者们采取头脑简单的、 114
乌托邦的奇怪行动，例如以社会主义建设的名义将他们未死的牲口释放：

> “很快，我们就要把牲畜放归自然……毕竟，它们差不多也是人。正是长期的压迫才使牲畜落在了后边。但牲畜也想变成人，你们知道！”（157/174）

根据这一并非不可置信的解读，《切文古尔镇》提供了对落后的、在农民思想里尚未从政治上意识到的一切事物的详尽描写，并提供了摆在社会主义建设面前的某种资产负债表或文化工作日程之类的东西。

但是一旦达到了目的，这种政治的解读就很容易让位于另一种相关而又颠倒的解读，即坚定的政治上反共产主义者的反讽。对于反共产主义者来说，《切文古尔镇》恰恰是对社会主义和乌托邦的一种谴责，是对关于后者的压制性事物的一种剖析。这里关键的文本无疑是我在前面已经提到的对资产阶级的屠杀那段，但许多充满笨拙或愚蠢的压制性暴力的时刻，也都会引起苏联学中那种熟悉的反共产主义的解读，通过这种解读，所有具有文学性质的苏联作品传到西方时都经过了过滤。

因此，将我刚刚提到的精神分析的解读列在更大的反讽标题之下，把它作为一种同样怀疑《切文古尔镇》中的政治因素和政治冲动的方式，并非是不可能的事情：所谓对社会主义的追求最终应该是一种范畴错误，一种性回避行为的形式其实是使历史非政治化的一种有效的方式，与对1968年“五月风暴”的学生反抗运动所作的俄狄浦斯情结的解释并无二致。

115 但事实上，对切文古尔的反讽解读所能采取的最终形式，在于它通过反讽本身所作的解释，就像某种最终的生活态度和道德与政治的形而上学。实际上，我们并没有充分评论普拉东诺夫语调中的冷漠性，这种叙述在安排最可怕事物时的残酷性，即不作评论，绝对脱离感情，甚至有时像窗上的玻璃似的避开了我们的注意。对于这种远远拉开距离的叙述，大屠杀只是最突出的一个例子。我们还可以看到它出现在对个体人物经验的叙述当中，例如我们从外部突然获悉一个人发高烧了——实际上已经发了一段时间高烧而我们并不知道，我们一直通过书中人物的眼睛目睹发生的事件。读者得到的印象是，这些段落中毫无作者的自我意识——完全不像海明威（Hemingway）那种设计好的省略或福斯特（Forster）那种战略性的跳跃和冲击——仿佛在这个实例中，作者本人甚至没有注意到那种区别；仿佛事件在某种非人的注册机制之前展开，既无对事件的判断，又无看得见的反应。

实际上，通过一种复杂的阅读活动，我们只能了解一切对这一过程奇特的东西，而且我们要从所提供的资料后退一步，以一种不同的——更陈旧也更熟悉的——可辨认的方式对它进行重构。我们调用一定数量的手势和感叹，根据常识的要求把它们重新放在一起，非常仔细地观察一下结果，然后充满困惑地自言自语：但是……这是一次屠杀，这些人正在被杀死！接着，在第二阶段，我们又回到文本问自己：可是，作者是否意识到这一点？他知道正在发生什么吗？如果对这个问题可以作肯定的回答，那
116 么在这样一种过渡中我们就涉及通常被称作反讽的东西。逻辑上的含义这时足以使我们在第三阶段重构似乎缺席了的作者的观点和判断，并“决定”奇特的中性过渡实际上应该表示什么意义。然而，在其最纯粹的形式里，反讽本身的奇特性之一在于这第三步是无法确定的，它依赖于我们自己先前凭空作出的某种决定；

文本中没有任何东西对它进行确认，事后也没有任何东西可以引用来证实所作的解释是对还是错。

例如，回想一下我在前面援引过的渔夫的死亡。就其所表现的农民头脑的简单性来说，文本以寓言或神话的方式讲这个故事，与那个想知道恐惧的男孩的故事相似。这里渔夫想知道死亡，而且像在神话故事里那样，他采取了行动，但又不同于神话故事的形式，没有魔力或说教的惊奇来完成叙述——渔夫只是淹死了，然后埋葬了。亚历山大·索库洛夫（Alexander Sokurov）在他拍的电影里，又补上了神话故事的结构，他采取了一种有助于启发比较的方式：其中想知道死亡的是儿子，父亲划船把他送出去，帮他把腿捆住，后来又冲着水下呼喊，让孩子告诉他死亡是什么样子。这里我们至少有一种封闭结构，将纯粹的事件转变成一个具有叙述形态的逸事。在普拉东诺夫的文本中，唯一的结果是把渔夫补充到小说的人物画廊里——由迷狂的疯子或智力低下的白痴构成的画廊。

另一方面，读者也可以按照我描述过的方式自由地从文本后退。这时渔夫的行为逐渐变成一种更容易认识的事件，即我们通常所说的“自杀”，而我们则将所有那些可能伴随一个人死亡的精神痛苦，不可治愈的压抑、苦恼，无法容忍的精神折磨重新考虑进去。然后，在这种文本的语境里，我们有选择地检验它所包含的似乎有理的现世的动机，例如饥饿、家庭纠纷或生活中的危机。 117

但是，我们从这种观点重构的关于渔夫自杀的那种现实主义的常见的画面，在我看来是与那种关于一个人对死亡越来越好奇的寓言绝对不相容的。在这一点上，唯一看上去合理的反讽是前面提到的第一种反讽，即老于世故者对农民的反讽。那个农民认为他对死亡感到好奇，而事实上他只是想要自杀。然而，即使这种反讽也有着过于强烈的定位，它隐含着普拉东诺夫的一种判断，而这个文本中怪异的空白和非个人性似乎会排除这种判断。因此，人们推想一种超越反讽的最后阶段的综合，在这种综合里，通过另外的、水下的、冥界的空间里的某种原始宗教信仰，对这一事件的两种看法再次统一了起来，而那个空间本身可能以某种方式成为此空间的一个乌托邦。事实上，文本在几百页之后附带地告诉我们：

> 共产主义折磨着切普尔尼，就像死后的秘密生活曾折磨着德万诺夫的父亲那样。切普尔尼无法忍受神秘的时间，于是他通过在切文古尔快速建设社会主义来缩短历史，恰似渔夫德万诺夫无法忍受他自己的生活而将它转变成死亡，以此来体验那另一个世界的美好。(259/285)

不幸的是，这段插曲后来的这种推想或动因，仅以一种无休止的恶性循环使反讽的机制再次发生作用。

在西方——或在西方的高度现代主义当中——反讽意味着两种事物，它们的共存本身就是“反讽性的”。作为一种文学过程和新出现的现代小说的一种性质，反讽反映出一种双重人口学的扩展：工业城市里广大人民群众的经验，以及新帝国主义带给大
118 都会的广义上的全球人口。这种突然意识到大量他人与我共存的情况，决定了大都会里有一种存在的危机，其结果是那种我们称为反讽的个人经验的急剧贬值；这作为叙述视角或观点的多样性被铭刻在叙述的文本之内，使彼此迄今为止的绝对价值相对化了。这种反讽得到了许多名人的赞同，从亨利·詹姆斯（Henry James）和康拉德（Conrad），经过纪德和费尔南多·佩索阿（Fernando Pessoa），一直到皮兰德娄（Pirandello）。

这第一种社会的反讽被迫服务于更富政治性和意识形态性的

第二种反讽，虽然这会得到托马斯·曼之类名家的认可，却在现代主义的理论家身上得到了最充分的发展，尤其是英美文学批评家，一直到新批评主义。这种也许更应该称作反政治的第二种反讽，发现它自己的使命处于一种极不相同的社会和意识形态的危机之中，即现代主义艺术家和作家自身的那种危机，他们的使命和才华，以及他们真实的艺术计划，产生于他们对资产阶级的憎恶和对市场社会的否定，但他们的构成基本上禁止了他们与其他社会阶级有任何认真的、长期的联合。在这种黑格尔的“不幸意识”（Unhappy Consciousness）和萨特的恶的信念的境遇中，第二种反讽形式作为一种解决办法出现，因为它允许那种在第一种反讽形式中获得的价值和个人经验的贬值被转变到政治境遇。在这种政治境遇里，它现在可以排除任何个人和政治的基本责任，促进思考并进而从纯美学的角度坚持一种对立的社会姿态。

这就是在冷战期间，在北美规范化时期，各种美学的现代主义的力量，以基本上是反政治的学院唯美主义形式被取代和掩盖的情况。后现代主义的出现使我们现在可以重写现代主义本身的 119
历史，也因此使我们可以修正这种现在实际上普遍存在的刻板印象，即伟大的西方现代主义者是些主观的、清静无为的反政治的人物（无论如何，这是一种英美的刻板印象，虽然在非政治化的法国，它最近的建构表明，恰恰在将来失去我们自己的信任之时，它会在其他民族传统中引起注意）。

但是，这种情形说明了反讽与乌托邦为什么常常被认为互不相容，反讽的最高使命为什么实际上常常被说成是一种反乌托邦想象的武器。普拉东诺夫迫使我们以新的方式再次提出这个问题，却没有为我们提供任何必要的新的解决办法。他本人曾试图通过那种激进的非个人化和消除我们几次提到的情感因素的方式解决这个问题，而且在《切文古尔镇》最杰出的章节里，那种努力还变成了自我分裂的一种真实的景象（这也很容易以宗教叙述中守护天使的形式来重写）：

> 但是，人自身内部也有一个小的旁观者，他既不介入主动行为也不介入被动承受，他总是冷冰冰的，一成不变。他的作用就是观看并成为证人，但他在人的生活中没有特权，也无人知道他为什么孤独地生存。人的意识的这一角日夜都被照亮，仿佛是一座大楼的看门人的房间。这个中心的看门人整天坐在进入人的内部的入口，知道他的建筑里所有的居住者，但没有一个居住者就自己的事务征求看门人的意见。居住者们来来去去，而旁观者——看门人用双眼注视着他们。他没有权力知道任何事情，这有时使他显出悲伤，然而
> 120 他总是彬彬有礼，保持距离，在另一座建筑里保留着一套房子。如果发生火灾，看门人打电话通知消防员，然后从外部进一步观察事件。
>
> 德万诺夫毫无记忆地步行或乘车漫游时，他内部的这个旁观者看得见一切，却从不警告他，也从不帮助他，一次都不曾有过。他与德万诺夫并行地生活着，但他不是德万诺夫。
>
> 他生存得有些像一个人死了的兄弟。一切属于人的东西看似就在手边，但总缺少某种微小而又至关重要的东西。人从不记得他，却总是相信他，恰似一个房客离开他的家和家里的妻子时，从不猜疑她和看门的人。
>
> 这就是人的精神的太监。正是就此而言他才是个证人。(80/90)

这段暧昧不明的文字（由普拉东诺夫其他奇异的文本复合而成，

这些文本最近才公之于世，它们甚至更直率地描写性行为）给我们留下了似乎只有精神分析才能回答的问题（但可参见瓦勒里·波多罗加［Valery Podoroga］对它的绝妙解读）。然而，似乎重要的是，如果不完全拒绝那些特殊的分析式的回答，至少也要尽可能地推迟它们，以便有时间提出更多的形式问题——如果这些问题没有被解决。

即使这一明显的非个人化被理解为某种类似零度的事物，理解为一种现代主义反讽的真正自杀（我自己倾向于这样理解），它的形式的必然性问题也仍然没有得到回答。实际上，在普拉东诺夫篇幅较短的著作里，许多地方都表明他需要更大的乌托邦叙事的框架才能展开一种本质上抒情的、破碎的内容，而这种内容在较短的文本里会显得琐碎平淡，虽然并不完全是平庸的内容。诚然，普拉东诺夫远不是唯一经受这种幻想和想象、分子和克分子分裂之痛苦的现代作家，这种分裂是一种几乎无法解决的形式危机，有时还会转变成一种更多产的形式问题（借用卢卡奇的说法），无论如何都不会被超越。这一特殊的问题——其中对抒情 121
细节的注意无法与情节的发展或叙述调和——实际上非常独特地通过乌托邦文本中插曲的性质重新被引发出来，它的出现像是拯救普拉东诺夫作品里这种纯个人抒情的因素，因为若非如此，那些抒情因素便再没有地方安排——除非简单地结束，以寓言的方式表示它们本身。确实，他最好的完整的短篇小说《归家》——其主人公看似病态地、毫无动机地离开故乡和家庭，自愿放弃通常的幸福——可以说是以寓言的方式构成普拉东诺夫的认识，即认为抒情的出现没有目的，也没有持续的原则；只有将它放弃或牺牲，才能保证一种甚至没有动机的更大的叙述形式。

至于对“精神太监”作某种性的或精神分析的解释，看起来重要的是使这种解释进入一条双向的街道，并坚持必须探讨一种特殊的个人经历的变态——根据它的真正存在是一种无意识的症状，它本身必然是一种历史现象和社会事实——在某些条件下如何构成记录独特历史内容的工具，且单凭这种工具就可以揭示那种内容并使之达致客观的表达。如此，这种乌托邦的形成所要求的怪诞的非个人化，仿佛以某种历史的策略，通过普拉东诺夫自己的奇特性格而得到实现，于是这种性格便可以被视为历史的必然，不论它多么有可能是一个个人经历的偶然事件。

但是，这样考虑问题还必须回忆一下这一乌托邦的农民背景，回忆一下它如何由农民生活方式和农民思想之间的均衡交叉所决定——在今天农民消失的过程中，在本质上是一次现代主义社会革命的计划中（以及在这种叙述里本质上是一种现代主义的形式结构中），这种交叉的情况无处不在。这种结构上的奇特性，
122 需要与根据普拉东诺夫的奇特风格和他的叙述作品所设想的一切精神分析结构并置起来。

诚然，我们自己与这种文本的关系可以以多种不同的方式来说明，但其中只有一部分在前面表现出来：后现代性本身有许多东西要向这一陈旧的现代主义样板学习，它仍然像刚刚生出来一样新鲜，因为它最近才被发现，由于一切特定的现代主义阶段都从苏联历史中作了历史性的删除，而它却不合时代地幸存下来，它的毛发和指甲仍然像以前一样在生长。主体分裂和主体中心消失的后现代和后结构的观念，尤其受到这种“精神太监”观念的挑战，后者从一种明显陌生或奇特化的真正的现代主义观点出发，以某种方式展现出主体死亡这一熟悉的后现代主题。

与此同时，这一高度现代的文本的神圣性——即使不是其宗教方面，至少也像是海德格尔的那种使命，即作为揭示真理的方法——似乎在这里达到了外部的边缘，并在那里表现出与某些伟

大的非神学想象（如佛教）的亲和性。不过，为了对这一乌托邦文本和这种形而上学或后形而上学内容之间的含义做更形式上的考察，这里似乎最好也暂不考虑这样的教训。因为乌托邦与死亡之间的关系是一种基本的关系，但不是由于死亡本身任何神秘的特征。确切地说，死亡是实现乌托邦观点的后果和标志，它存在于对一切个人的和存在的经验的渐次远离，远离个体的人，远离“人物”（以便提出乌托邦话语与叙述或讲故事相对的有关问题）。因此死亡的出现在那一点上是一种信号，表明它能够根据人类的经验采取物种的观点。乌托邦必然根据人类的历史采取物种的观 123
点，因此会使它失去大量我们认为不仅是历史的而且还是人类生活中不可替代的重要的东西。因为历史事件最直接的特征与它们的独特性和偶然性是一致的：它们是必须抓住这种特殊的可能性否则便永远失去的那种不可改变的时刻。历史是这种时间和事件、暂时性和行动的独特融合的最强烈的经验；历史是选择，是自由，同时也是失败，而且是不可避免的失败，但不是死亡。乌托邦被置于一种再也看不见那些变化的高度：即使所说的这种乌托邦是关于绝对变化的，从那种几乎是冷淡的、非人的观点来看，变化也仍然被视为绝对的重复，凡是能看见的变化统统千篇一律。一种不需要历史或历史斗争的社会状态，远远超出了我们作为个人或集体存在所感到弥足珍贵的东西，它的思想迫使我们面对我们人性中最可怕的方面，至少对现代资产阶级人们的个人主义是如此，而那就是我们人类的存在，我们在巨大的世代链条上的嵌饰，也就是我们所说的死亡。乌托邦离不开死亡，因为它宁静的目光冷漠而执拗地避开了个人生存的事件及其不可避免的让步：在这种意义上，甚至可以说乌托邦解决了死亡问题，它发明出一种新的观察个人死亡的方式，即把死亡作为一个有限关心的问题，超越所有的禁欲主义。

乌托邦还可以是许多其他东西，并随之带来其他的要求；但也恰恰因为这种情况，在卡夫卡冷酷的故事《女歌手约瑟芬或耗子的民族》里，找出乌托邦的教训，也就是说找出乌托邦表现的某种暗示或某种开始，才不致是一种如此大的悖论。这个文本既不是一个真正的故事也不是一种纯粹的叙述，它似乎是艺术家的
124 一个寓言，而不是公共生活的一种蓝图。即使副标题强调一种格式塔式的替代，并据此可以把这些章节——按照传统意义，其中只有两个“人物”，即约瑟芬和“人民”——完全读作后者的一种表现，仿佛是对前者的一种戏剧化，而前者在那种情况下变成表现的借口，单独地使集体的主体时时闪现。

卡夫卡，这位自从 18 世纪伟大的交替周期性句式出现以来最富逻辑性的作家，不仅以单调的规则性在他的双重标题的孪生主体间转换，而且也在赞成和反对之间转换，在其交替中同样可以预见的肯定和否定之间转换，他不变的节奏——“但是”、“然而”、“不过”——构成他风格中命定的中立性。但是，在这个故事里，交替的节奏本身就是一个哲学概念或范畴，它以一种分析的方式表达了艺术和文化中无法解决的悖论，与几年后马尔库塞（Marcuse）在其伟大的论文《文化的肯定特征》中所用的方式完全一样。因为艺术是对社会的忠实表现，所以与社会**相同**，但作为社会及其自我意识的某种再现，它同时又必然**不同于**它的客体。因此，在这种同一性和不同性之间的往返转换中，《女歌手约瑟芬或耗子的民族》是一种持续的不同寻常的运作。

于是，约瑟芬的音乐是伟大的，但我们不是一个音乐的民族。然而，或许约瑟芬的“音乐”也不是音乐，反而是由“呼啸声”、“尖叫声”构成的东西，而这事实上是我们人人都会做的事情。那么她是否因此与我们所有的人不同，或者与我们所有的人完全相同？毫无疑问是前者，因为甚至在她非常普通的尖叫声中，她也构

成表演并使它成为一种仪式，所以，“我们羡慕她身上那种我们在自己身上根本不羡慕的东西”（195/130）（这里所注的前一个页码指保罗·拉希尔编的德文本《短篇小说集》［Frankfurt：Fischer，1973］，后一个页码指维拉和埃德温·缪尔翻译、艾里克·海勒编辑的英文本《卡夫卡基础读本》［New York：Pocket Books，1979］。
下同），这就是说，尽管她故作表演，却并无不同，而是与我们一 125
样。所不同的是我们沉默而她却歌唱。

同时，她的才能是由重大的危机激发起来的（虽然，对于耗子民族，每天都是一场危机，充满了极大的危险）。但通过将我们集中起来，她常常将我们置于危机和极大的危险之中，使我们很容易受到我们的死敌的攻击（203/139）。

她竭尽自己身体的一切力量，想象在这种危机中她正在保护我们（199/134）；而事实上，她抓住我们是因为我们想象自己在保护她，我们觉得她看上去既可怜又脆弱（199/133）。这个时刻也不仅影响这位非凡的艺术家为公众扮演的角色，人们还会想到游击战，想到弗兰西斯·菲茨杰拉德（Frances FitzGerald）对越共反儒学的描写，越共狡猾的战略在于使村民们相信：“我们”不是你们的父亲，你们是我们的母亲。因此在这一点上，故事的主题从艺术（差异性）转到了集体（同一性），并附带了这样的条件：只有介入艺术和伟大艺术家的主题，才能使它抓住人民中的基本的二律背反。因为人民没有对艺术的感受，没有对艺术家的尊敬，也没有审美的地位，所以，正如我们将要看到的，这些能够再现的种种借口最终必然会再次自我淘汰。

正是约瑟芬让人民变成了他们本来的样子。非常独特的是，她使人民默默地集中起来——如果没有她这可能吗（“我们的集中如何能在彻底的沉默中出现”［209/145］）？她构成外在性的必然因素，单是这种外在因素就可以使内在性产生：“我们也很快陷入大众的感觉，身体温暖地挤着身体，屏住呼吸聆听”(197/132)；“仿佛受折磨的个人可以偶尔放松，在宽大温暖的集体的床上舒适地伸展身体”(203/138)。事实上，她的表演“并不是什么像人民聚集在一起那样的一种歌唱演出”(200/135)，
126 因而卡夫卡的故事同样源于那种形成政治哲学本身的神秘的事物，源于卢梭那种普遍意志的谜语，源于集体表现中的种种悖论。因为约瑟芬的艺术的“出现几乎像是全体人民对每个个人发出的一种信息；约瑟芬在严肃决定当中的细声尖叫，几乎像在一个敌对世界的动乱当中我们整个人民的不稳定的存在”(200/136)。因此，她是集体的自我肯定的媒介：她对他们回映他们自己的同一性。但与此同时，她又立刻要求一些特权（如免除体力劳动），作为对她劳动的一种补偿，或实际上作为对她的独特性和她对社会所提供的不可替代的服务的一种承认。

这也许是卡夫卡的故事的妙处，而且，这种民主乌托邦的冷冰冰的中立性，通过人民拒绝赋予约瑟芬那种形式的个人特权，被最惊人地揭示了出来（但不是通过任何事物和反应被揭示出来）：“人民听她争论，但毫不在意。”(204/140)

> 假定不是人民而是一个个人，人们可以想象这个人一直对约瑟芬让步，但怀着一种总有一天要结束他的让步的疯狂欲望。他对约瑟芬已经作出超过常人的奉献，但深信他的奉献能力有一个自然的限度。确实，他作出了超出需要的奉献，但这完全是为了加速进程，完全是为了宠坏约瑟芬，促使她提出越来越多的要求，直到她真正达到她最后这种请求的极限。然后他以最后的拒绝中断她的权利，但因长期坚持让步而显得粗率无礼。(205～206/141～142)

但确切地说，人民不是一个个人，也不是这种意义上的一个人
物。同样，卡夫卡合乎逻辑的肯定和否定的转换也不是个人的转
换，那种连续的、历时性的转换有些像一个行动和反行动的故
事，其中一方可以被解释为对另一方的补偿。更确切地说，它们 127
是共时的和同时的：人民的本质在于这种对个人的中立。就约瑟
芬引发出人民的本质而言，她同样也引发出这种无名的、基本民
主的实质上的中立。因此，通过揭示出同一性，她的不同便被那
种绝对的集体同一性的力量取消。

于是，人们不再肯定她首先是一位伟大的艺术家（实际上，很可能“完全是我们听她演唱这个事实证明她不是个歌唱家”［201/136］）；她事实上是个可怜的、荒唐滑稽的人（虽然我们从不嘲笑她［189/133］），而且她的矫揉造作还带有孩子气。然而我们的孩子们没有童年，约瑟芬表现的演出美学（差异）在我们的生活中不可能有任何对等的东西。因此她的艺术极端含混：“其中有些东西像是我们可怜的、短暂的童年，有些像再也找不回来的失去了的幸福（差别，或一种完全与生活状况对立的艺术的现实），但也有些像现时的日常生活，像生活中小小的欢乐，它们无法理解却又出现且不会消失（同一性，或艺术反映社会状况）。”（203/139）

因此童年主题的声调与死亡主题的声调是一致的，与世代的声调也是一致的：孩子们没有童年，但“我们种族的繁殖力”使“一代人紧接着另一代人出现，孩子们没有做孩子的时间”。所以，孩子们不仅使一代又一代的飞快接续戏剧化，而且还以某种方式使绝对的差别戏剧化，他们是没有时间当孩子的孩子——他们具有一种纯否定的存在，并以此首先防止前一代知道自己的童年：

> 像在那些学校里，并不是同样的孩子，不是，永远是新
> 来的学生，来了又来，没有止境，没有中断。当几乎每个孩
> 128 子看上去都还是个孩子时，他后面新的孩子的面孔已经快速
> 地聚集起来，那么快又那么多，简直难以分辨。(201/137)

但是，这不仅意味着一般的和集体的死亡，而且也意味着约瑟芬特殊的死亡：如果她与众不同，她还能留下什么呢？这里故事转而自相矛盾，在反映出一般的非叙述的性质之后——总是这样的情况——它现在转入了时间性（“那事发生在一两天以前”），在这一点上，约瑟芬的历史存在的真正悖论得到了加强，同样，绝对群体的乌托邦与独特性和事件的历史之间的张力也得到了加强。因此约瑟芬自己可能会变成历史，如同他们所说的那样——只是我们没有历史并憎厌历史学家。于是她的独特的历史荣誉将被忘却：约瑟芬“会在我们数不清的大量人民英雄中幸福地消失，而且因为我们不是历史学家，她会很快地上升到救赎的高度，并像她所有的兄弟一样被忘掉”(209/145)。差异被同一性抹去，但只有它能在一瞬间揭示出同一性。确切地说乌托邦是一种升越，那种人类的忘却和消失——与一开始就没有个体化特征的动物所达致的情形完全对立——由这种升越而产生，作为一种强烈肯定的力量，作为民主社会最基本的生活事实，它是匿名的。而正是这种匿名，在我们的非乌托邦或前乌托邦世界里才以死亡的名义和死亡的特殊表现发生作用。看来，把《切文古尔镇》用作这种乌托邦再教育的材料相当合适，我们在这里援用的卡夫卡的作品也同样如此。

第三部分　后现代主义的束缚

正如我在前言里所表明的，这部分的组织框架即使不是结构 129
主义的，至少也是类型学的：真正的组织框架本身是一种论点，旨在表明后现代主义经常自我称赞的丰富多样的风格可以被归类为形成一个系统的多种倾向。在这种意义上，一个系统同时既是自由又是限定：它既打开一系列创造的可能性（单是这些可能性
作为对它阐述的境遇的反应也可能实现），又追溯实践的最终极 130
限，而这些极限又是思想和想象投射的极限。然而，如果这是真实的，那它就是谎言，因为我们无法知道我们被封锁在里面，无法画出我们自己也被包括在里面的界线。由于同样的原因，虽然这样一种规划想要成为客观的，但永远只能是意识形态的；因为，要考虑我们如何区分各种类型的现代建筑的实际存在和我们头脑中对那些类型的各种系统的独特发明，实际上已变得非常困难。事实上，这里有某种虚假的问题：关于我们是否在画自己的眼睛的那种令人困扰的担心，通过提醒我们的眼睛本身就是真正的存在系统或我们思考对象的组成部分，便可以在一定程度上得到缓解。最好已经画出了我们的眼睛——作为那个庞大的存在系统的局部碎片——这比发现洞中最后一丝微弱的灯光彻底消失要好些！事实上，艺术家和建筑师的生产体系，与那些以某种方式限定并说明他们特征的思考来自同一个地方：都是一个整体，都以某种方式是后现代的，它所依赖的那种时代精神，其存在是事先假定的而不是推断的。

于是，在那种不能区分的地方，当诊断也是它自己的症状

时，难道人们还能继续谈论论证么（且不说证明，也不考虑证伪）？我认为，当符号矩阵的特征或修饰开始从不同的系统积累有意义的同义词时，就会产生一种你正在按照正确的方向工作的信念，于是“重复”开始与“文本互涉”的振动发生共鸣，而形式的创新（在高度现代时期）与更后一个时期理论上的先锋主义的密切关系也得到加强。这些交叉本身实际上就像是些论证，局部历史隐含的理论等待着被一层层剥开。一种运动的义素开始与
131 另一种运动的义素相重合的时刻是一种发现的过程，这个过程远不是再次确认我们已经知道（或以为已经知道）的东西——即对一种被怀疑为只不过是自身向外部世界投射的思想的基本担心——而是导致新的解释。

由于同样的原因，证伪在这里只是一系列特点、特征和义素的展现，这些东西在当前的系统里根本没有什么地位，即使它们确实存在并要求注意。可以说，这种否定的方式并非不同意规划设计，而是完全使规划变成微不足道的琐事。另一方面，如果提出一种不同的规划——包括它自己同时存在的对立面和种种矛盾——那么结果就是一场关于解释的争吵。这种争吵绝不会废止它的某一个出发点，而是更可能导致某种相似而又难以想象的更加复杂的东西：按照我自己的看法，这种结果可能会确认当前这一前提的有效性，不论它采取多么反常和多么曲折的方式。

与黑格尔所思所想并试图付诸实践的那些东西相反，由于符号矩阵——由于它的共时性质——关于这种或那种特征的始源的故事很少能说明事物本身的原动力量，因此在任何非教条方式的开始总是有某种困难。为了避免这个问题，这里将遵循这一术语本身的逻辑，并提出：显然正是现代主义才是后现代主义得以形成的境遇，才是后现代主义许多发展的出发点。然而，在更仔细

的审查之后，这些发展表明它们只是简单地颠倒、否定和取消了通常赋予现代主义的那些特征。这一过程意想之外的后果是引发出这样的结论：后现代主义毕竟与现代主义没有什么不同（或者说后现代主义寄生于现代主义的成就，是后来出现的现代主义的成就）。我决不想承认这种看法，但不妨通过采取这样的假设暂时回避一下：至少在后现代主义的开始阶段，对高度现代主义的否定、颠倒或取消，是最早的后现代人认为他们能做的事情，但 132
他们在此过程中也产生了完全不同的东西。

这至少像是孪生义素的情况，而在这里通过说明高度的现代主义我们也开始进入这种情况：两种义素对当前后现代主义的看法都是诽谤，因此我们完全可以以一种创造世界的冲动通过假定高度现代主义的基本特征或义素来开始，而在这种冲动中，一种被称作总体性的欲望不大可能地以某种方式与一种被称作创新或仅只是“新”的欲望结合起来。然而必然出现的问题是，为什么这两种东西应该被视为一种对立，被视为处于一种彼此矛盾的张力之中。这是个很有意思的问题，它将继续导致对现代本身的学术研究。我在这里假定它是一种庞大的单一风格的构成，假定总体性范畴所采取的形式和外观的现象学世界，出现在所有伟大的现代艺术家的作品里，从普鲁斯特和乔伊斯的文学到弗兰克·劳埃德·赖特（Frank Lloyd Wright）和密斯的建筑，从瓦格纳的整个艺术作品或勋伯格（Schoenberg）的后声调系统（post-tonal system）到康定斯基（Kandinsky）或马列维奇（Malevich）的神秘体系和毕加索（Picasso）变化多样的极不相同的画家的整体性。倘若如此，那就完全是这些庞大的单一性的努力——巨大的、无法想象的共时性——转移了对所说作家的历时性创新的注意，他们精确地修补他们最近的前辈的这种或那种技巧或特征（在熟悉的俄国形式主义的表现里，在一种巨大的审美的“方法动机”中，这种修补——局部细微修改——产生出一种新作品的完整的幻象）。这两种观点也许只是随意的：然而它们仍然打开了飞行的线路，在所说的作品上进行完全不同的盘旋，时而是斯宾诺莎所说的巨大的、自足的、永恒的实体，时而是坚韧的历时性链条上的一些阶段，处于现代的目的论之中，如同取消了以前的事物，并耐心地为新的现时发明一种全新的东西（见下图）。

133

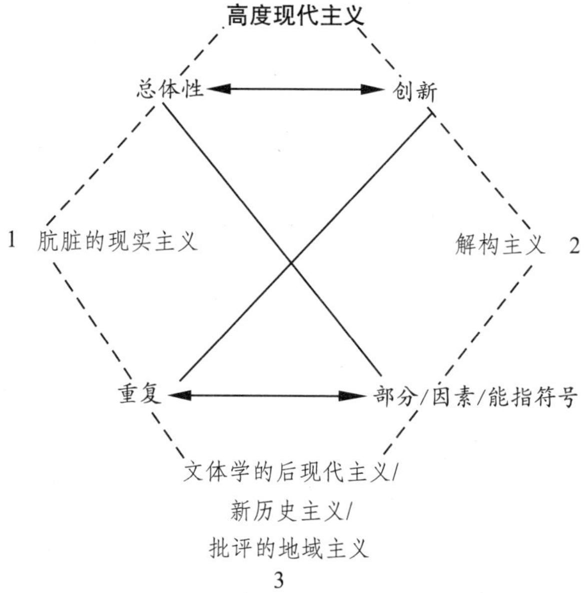

一

134 无论如何，现在这种出发点提出了一些有趣的问题，涉及总体性和发明创新这两个范畴在后现代时期的地位。至少就其中第一个而言，根据雷姆·库哈斯这位当代（或后当代）建筑师的作品来对总体性进行质疑看来并无不妥，因为他的作品最富戏剧性地、出人意料地回到了更大的形式和更大的建筑的设计。确实，库哈斯曾经把他自己最初对美国的（理论）兴趣（在他杰出的著作《疯狂的纽约》里）描绘成对大型设计使命的理性升华，但由于欧洲民族国家比较狭隘的局限，尤其是他自己祖国荷兰的局限，他无法在实践上实现这样的升华。然而欧洲的一体化出人意料地开创了这样的境遇，使大型的设计变成了实际的可能。库哈斯满腔热情地拥抱这种可能，这首先在巴黎法兰西图书馆（“非常宏伟的图书馆”）和比利时泽布吕赫海洋贸易中心的宏伟设计中表现了出来——后者是进入欧洲航线的入口，以后将不得不与“海底隧道”竞争。（这样的设计还可以包括德国卡尔斯鲁厄的“艺术和传媒中心”、法国里尔的“议会综合大厦”以及位于摩洛哥阿加迪尔的“会议中心”，但可能不包括个人住宅和公寓楼房，这类建筑——在形式上同样很有意思——似乎更像是体现了某种史诗冲动的抒情的一面。）

我们认为这两种设计的关联是，在它们极其不同的方式里，两者都赋予建筑体一种意志，即力图在它们内部包括一个完整的世界：一个是在图书馆里信息资料和各种符号传统的世界，另一个是传媒在它的其他主要词义中所产生的多样性后果，即作为运输或物质传送所产生的后果。与现代的设计不同，这些公共建筑必须强调排除个人的生活，而且还必须再次体现文明社会结束之后私有财产 135
中的悖论（一方面，通过信息所有权中的辩证方式；另一方面，通过一个个人所有的公共空间中的更经典的二律背反的方式）。

在现在这种语境里，对我们有意义的是这些新的设计对旧的现代主义范畴——它的外壳、结合、容量以及一切旧形式以这种或那种方式所隐含的内外双重性——所施加的结构变化。例如，包容法兰西图书馆的巨大的盒子，因其极其巨大而排斥外壳或外形的传统观念，正如我随后将要论证的，试图通过这种形式的平凡性质完全回避形式的观感。我相信，这种非形式所特别否定的，是现代主义最华丽的形式，是勒·柯布西耶那种内部与其外部的造型线条和墙壁之间的本质上表现性的关系的观念。按照这种观念，线条和墙壁要抛弃刻板性，遵循它们的功能使之从美学上对应于非常不同的内部现实。当时这是一种阐释的美学，根据这种美学，内部（以前的房间，在这里被自由的计划取消）各种活动形式的存在和空间特征，仿佛被转变为外部表面上极不相同的材料，具有视觉化的、可以摄影的特征。这种表现的对应（人们希望强化这种对应，根据阿尔都塞著名的“表现的因果关系”的顺序和严密性，使之成为一种几乎是阿尔都塞的诊断的概念），实际上是一种前寓言式的或象征的对应。它是一种一对一的对应，其中表现（或转化）本身的问题似乎消失不见了，在勒·柯布西耶这些非自然或后自然的整洁的形式里，为我们留下一种新

雷姆·库哈斯：法兰西图书馆（《都市建筑功能》）

自然的新颖性。对于这些形式，文图里（Venturi）则说它们应被
归于雕刻而不是建筑（或者可以被归于对那种情况深感羞愧而渴 136
望把自己伪装成雕塑的一些建筑）。

库哈斯的大型设计现在所产生的新的观念，其实可以从“不可比性”这方面来说明。在这里，功能、房间、内部结构、内部空间悬挂在它们巨大的容器之内，仿佛是许多漂浮的器官。这种模式使它们显现出来，仿佛在这个庞大的、现在实际是半透明的立方体内部有 X 光存在。库哈斯本人发明了一种特殊的修辞来说明内部这种不寻常的、非传统的存在模式的特征。“在这组建筑里，”他说，“主要的公共空间被定义为建筑的缺场，从信息的集成体刻画出虚空的空间。它们漂浮在记忆里，像是多种多样的胚胎，每个都有它们自己的技术胎盘。”（《设计图》，68）与此同时，各种大型设计的内容也可以被看作对一切可以想象的几何形式和立体形式的一种选择：对固体、圆锥体、立方体、棱锥体、
球体等等的随意的汇集，因此包容或汇集它们的东西（就像臭名 137
昭著的“所有阶级的阶级”那样）本身并不被列入那些几何类型或范畴，而必然被不假思索地称为“一组建筑”。这里关于模式或设计模型自身的本质似乎有某种危险，似乎在与“图面建筑”的区别中自动指向了通常的立体测量绘图，更不用说光滑的摄影照片或彩色图像，仿佛这些设计也以某种方式力图实现柏拉图式的“模型”理想。

从形式上看，“漂浮的器官”这种新范畴出现的结果，是怀疑并最终排除勒·柯布西耶表现对应的可能性的任何幻觉。不过，这并不破坏转换本身的范畴，相反，它以转码的方式，将转换强化为一种新的概念的光源。因为，正如内部形态和器官共存
那样，它们在空间里静静地互不察觉，或彼此渗透而互不接 138
触——与它们相联系的活动以同样的方式表现出许多交叉而互不

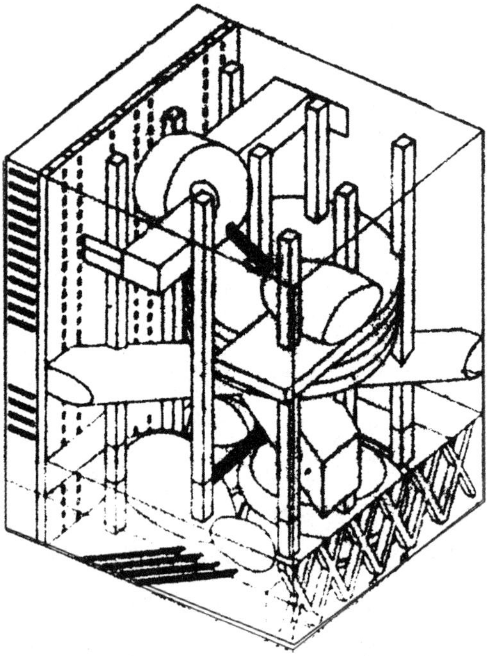

雷姆·库哈斯：法兰西图书馆（《都市建筑功能》）

重合的方面，例如阅读与吃的联系，或者消费图片和参加研讨会的联系。同样，在这种空间的同时性当中，无法通约的概念逐渐扩大，将任何已知的单一方面转换为另一方面的欲望和意志也不断增强：这是一种不可能实现的、更加进化的冲动，它从自身的挫折中汲取营养，变成关于转码本身的纯粹的概念。这显然超越了传统意识形态意义上的一切有机的事物（如完整的躯体，有机的整体性与一致性）。它甚至迫使现代主义的有机概念超出它的范围（如乔伊斯通过将它归于实际独立的每一章的根本不同的风格力量，来强调每个器官基本功能的区别）。这里预先假定的是有机的东西最终会与机械的东西重新结合和统一，对此德勒兹和唐娜·哈拉维（Donna Haraway）曾分别以极不相同的方式从理论上作过论述并表示赞同，但这里的范畴——总体性——对他们二人都是陌生的范畴。

雷姆·库哈斯：泽布吕赫海运中心（《都市建筑功能》）

与此同时，泽布吕赫终点站——像一个巨大的宇航员头盔，一部分是塑料的，一部分是金属的，“一个在球体和锥体之间的十字”（《设计图》，80）——以一种同样无法形容的方式包含着之前的整个结构，例如一座饭店或一座办公大楼，进出的坡道上点缀着沙漠玫瑰，它们微妙地互相交织，颇像洛杉矶市中心费格罗大饭店阶梯式的交叉：也许是对库哈斯常常抱怨的现代建筑中其他内部必要设备——如管道和电线及“服务设施”——的讽喻（“难以相信，占一座建筑三分之一并需50%投资的组成部分在某种程度上竟不能进入建筑的思想”[13]）。他在其他地方曾把这些方面的问题戏剧化，把它们作为机会而不是困境。例如在他的 139
电梯“理论”里（曾在第一部分讨论过），电梯这样一种中心机制的存在，似乎提供了把一切异质的和外在的事物集中于一种可控状态的方式。

140

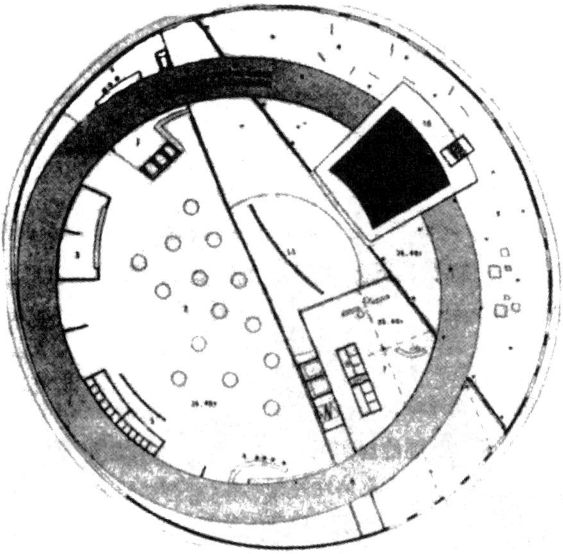

雷姆·库哈斯：泽布吕赫海运中心（《都市建筑功能》）

然而，内部的多样性必然继续存在这一事实（用**异质性**一词表示太软弱无力），至少一部分是因为这里包括并容纳着多样性，隐含着一种关于单个东西之间关系的全新的观念，单个东西以前总是在地基上的一些形体，或者是巧妙而和谐地结合和建构起来的整体。但是，这里漂浮意味着根本不存在这样的地基，更不用说一些更传统的观念的终结，如透视、叠盖、巧妙的对比、安排等等。不过，这种情况现在开始产生一个属于它自己的新的范畴，对这个范畴我们仍然必须用部分或成分或组成等不完美的方
141 式来谈论，而且这种情况现在还由它本身转而产生一种符号学的观点，颇有些像总体性范畴的绝对矛盾。我们很快就会看到，这

种观点为其他后现代或后当代的建筑师们限定了一种迥然不同的环境和一系列不同的形式问题。

不过，目前我们必须将注意力转向符号矩阵的另一个角度：对于库哈斯，如果只是根据被称作总体性的愿望来说明他的作品的特征，那么我们迄今所唤起的将是重新被纳入现代主义范式本身的危险（诚然，他自己也承认对那种范式稍微有些怀旧感）。作为预设，我们将把他的作品中其他发生作用的特征——一种肯定是非现代或反现代的特征——称为与这类**重复**问题的结合，就是说，有责任与城市结构和文化模式达成一致，因为即使大规模的建筑也处于它们之中。但对于库哈斯来说，实际上对于后来的其他现代艺术家也一样，这种结构的问题事实上与大规模的问题是一致的，是一种可以既表示个体建筑又表示整个城市的表现方式。如果现代建筑可以一般地通过建筑和城市基本分裂的困境来说明其特征，那么重复的概念便可以理解为一种指称那种分裂的新的方式，但不是通过连接或重建，而是通过重复的方式（或者用彼得·艾森曼［Peter Eisenman］的概念，通过“按比例绘制”的方式）。

但是，这种解决方式是在一部当代理论的经典文本中出现过的东西，这一文本就是文图里、斯科特-布朗（Scott-Brown）和伊兹努尔（Izenour）合写的《学习拉斯维加斯》（这部作品如果归类为纯建筑研究将是误导，它还可以被看作新出现的“文化研究”的宣言）。《学习拉斯维加斯》以这样的前提开篇：建筑上的高度现代主义把现代工业城市视为一种病态，伟大建筑师的任务是克服这种病态。伟大的现代建筑通过采取与那种病态的城市结 142
构脱离和分裂的激进行为着手实现这项任务。病态的城市结构包括不卫生的、充满臭气的、空气稀薄的、潮湿的、死气沉沉的、从中世纪城市沿袭下来的小巷，因某种现代的聚居而形成的工业贫民区——最好把那些街道统统废除，通过一种欢快的破坏行为使所有那一切得见天日和新鲜的空气，在曾经处于顽固的陋室和鹅卵石重压之下的地方，竖立起令人振奋的多层大楼，高耸入云，象征着对旧世界、旧的欧洲和19世纪的蔑视、否认和回避。

但是在美国，从20世纪60年代回顾，所有这种现代化的兴奋，这种像无线电设备和横穿大西洋的班轮（在海上像一座灯火辉煌的城市）那样令人激动的兴奋，已经平淡无奇地成了纯属上层阶级的优越感——厌恶移民的无知，厌恶他们被迫形成的不卫生的习惯，厌恶他们缺少礼貌或尊重。因此审美态度似乎剥去了它的外皮，暴露出一种我们不再承认的富有而保守的贵族的社会和政治面孔。实际上，《学习拉斯维加斯》明确提出了对这个问题的语言学看法。“衰亡的”城市结构（“谁曾想到死亡会招致如此多的毁灭?”）事实上是一种本地话，甚至比混杂的口音和不合语法的无知的表述更像本地话。它可以根据其本身的情况来说、来学，而且城市的建筑师确实也应该说那种话，而不是在更纯洁、更少异化的基础上发明一种自己选择的高度现代的方言（现在这种异化理论似乎是过去的精英的保守的文化哀伤）。

于是，这些看似促使我们面向本地建筑的杰出的看法（这里难以将“民族的—美国的”从“世俗的—现代化的”中分离出来），开始提出它们自己的问题。城市结构现在应该得到承认，而不是被改变或取代，但在那个结构之内，个体建筑的地位变得
143 更不清楚，即使它现在“说同样的语言”：如果只是建起更多同样的建筑（这个过程一般不会有任何被中断的危险，至少在美国的城市是如此），那么谁还需要建筑师呢？文图里的回答保持了一种高度现代的主要范畴，即反讽。他的回答提出，新的建筑师设计的建筑，比它周围的本地建筑并不突出多少，只是拉开了一个勉强可感的反讽的距离，在表达中只是加深并升华了一种自我

意识，仿佛最不明显的引号引括着一句熟悉的突然说出的口语。人们接受这种观点，但它似乎根本行不通，尤其因为反讽本身在传统上是个符号，完全像我们应该回避的那些自恃优越的上层阶级的一种武器。

另一种完全不同的回答似乎可以行得通，它现在使我们转向那种总体性的范畴，由此出发，作为高度现代主义敌人的一种象征，我们曾经认为我们正在显现出来，从“巨大的鸭子”——象征整个里尔克的“生活变化”的现代主义的雕刻——向前发展，进入奇迹英里和本土发展的高速公路，而这些发展吞噬了以前大量存在于其周围的乡村。有一段时间（现在似乎成了过去），这种新的“结构”也用混沌理论来进行描述：不是一种你学说的方言（如黑人英语），而是新世界合法产生的方式的外边缘；不是同类和标准化，而是一种真正的后现代的异质性（与市场本身的自由相一致）。现在新的个体建筑甚至没有一种结构可以去“适合”，就像某个精心挑选的词一样；它不再有权选择构成一种本地语言产品的某个词类，相反，它必须只以某种方式**重复**围绕它的混乱和骚动。但是，在这些情况下，个体建筑可以再次发现一种实施总体性的使命，虽然采取的是一种与现代主义姿态相反的方式。正如在黑格尔的颠倒的世界中那样，勒·柯布西耶希望构想出一个微观世界，与衰亡的实际情况和它们的乌托邦变革相 144
对。很快会提到的“肮脏的现实主义”，现在可能渴望提供一个微观世界来重复那些条件，并在它的新型封闭之内，模仿当前危险的外部世界的各种混乱的本能自由。这是从乐园到林荫路的过渡：现在私家警察和隐蔽的摄像机消除了旧的集体经验中的无秩序性，并使它能够得到审美的和后现代的理解。同时，重复还意味着将以前的现代非政治化，承认共同的权力以及权力的授予和限制，并使社会良知处于可以管理的、实际的、实用的范围。乌托邦变得无法说出，社会主义和不平衡的预算也难以启齿。同样明显的是，根据任何唯物主义的观点，建筑构成最终采用的方式都具有重大的意义，尤其是个人住房与办公建筑的比，城市聚居的可能性或不可能性，公共建筑——如歌剧院或博物馆（常常保留在私立或公立大学那些专用的空间里，而这些大学是当代最能提供保护的地方）——的佣金率，以及设计公寓或公共住房的机会。（我在其他地方曾说，弗兰克·盖里［Frank Gehry］改建的私人住宅——后现代建筑最杰出的成就之一——完全可以被视为这种“肮脏的现实主义”的例证，与我们曾关心的库哈斯的宏伟的新总体性并无二致。）

我们很快将会看到，这些按照我们的规划保持着某种狭隘的、可指定的现代主义冲动份额的作品，应该与其他那些更典型的后现代主义区分开来，因为后者更彻底地否定那种冲动，同时又以与此完全不同的方式探讨重复的种种可能。

145 但是，在这样做之前，我们现在必须追忆我们的足迹，并远远地后退来解释这奇特的标题，即为刚才审视的象限，尤其是雷姆·库哈斯作品选择的标题。

“肮脏的现实主义”是赖安娜·勒费弗尔（Liane Lefaivre）用于建筑的一个启示性的术语，值得作进一步的思考和探索。她自己是在比尔·布福德（Bill Buford）的一篇论文里发现这个术语的，该论文载于《格兰塔》（*Granta*），论述了晚近的美国著作，尤其是新的美国短篇小说。因此也许值得引用布福德自己对这一新趋势的看法，他觉得自己能够辨识这一趋势，并将它与梅勒（Mailer）类型的存在主义或新小说类型的后结构主义的虚构区分开来，或实际上与构成“大型历史陈述”的其他类型的写作区分开来。

相反，这是一种不同范围的小说——在语言和动作方面

> 致力于局部的细节、微小的差别和轻微的扰动——而且完全适宜的是，它的基本形式是短篇小说，它非常明显地构成了美国短篇小说复兴的一个部分。但这些是奇怪的小说：关于那些看白天的电视节目、读廉价的传奇故事，或者听乡村音乐和西部音乐的人的无装饰的、无家具的、低租金的悲剧。这些人是路边咖啡店的女招待、超级市场的收款员、建筑工人、秘书和失业的牛仔。他们赌博、吃奶酪汉堡包、猎鹿、住便宜的旅馆。他们大量饮酒且常有麻烦：因为偷汽车、砸玻璃窗、偷钱包。他们来自肯塔基州、亚拉巴马州或俄勒冈州，但总的来说，他们可能来自任何地方：在一个充满快餐和现代消费主义压迫性细节的世界里，他们是到处漂泊的流浪者。（“导言”，4）

不过，勒费弗尔对盖里和库哈斯试验了这一有趣的新口号——它已经在概念上打开一个缺口，或者在我看来是如此。她提到《刀 146 锋战士》（*Blade Runner*）——我觉得相当正确——以此意味深长地扩大了那个缺口。而且，如果你加上那种被称作“电脑朋克”的新的科幻小说作品，那么这个缺口就会被更明显地扩大，实际上达到几乎不能修补的程度。但是，一个我们甚至尚不知其对象是什么的术语或口号，在它可以与之相比的任何现实出现之前，就像在语言空白中似的，怎么可能使自己显现出不合适并修正它自己的含义呢？

我想，这是因为这个口号自身内部就带有缺口，而且迄今只表现出它本身结构的内在力量。这种力量不仅是双重性的（“现实主义”如何存在或变得“肮脏”的问题），而且就公开宣称将**现实主义**这样的术语首先用于建筑的意图会引起它自己的问题并导致推测而言，它还是三重性的。如果我们用现实主义指某种类型的模仿，那么肯定从一开始就不清楚何以任何建筑都能被认作现实主义的：勒·柯布西耶的白墙，如禁欲般缺少装饰，鲍豪斯（Bauhaus）的功能主义，无疑在任何可能的意义上都不比哥特式建筑的复兴或新古典主义或高迪（Gaudi）的疯狂奇想更符合现实主义。

由文图里、劳赫（Rauch）、布朗（Brown）的重复或“说本地话”而产生的模仿，似乎是根据建筑上的“现实主义”——不论是不是肮脏——提出了一种更有前途的方法。然而在我们接受它之前，让我们再看看布福德描述中的空间特征：“白天的电视”被提出，与“路边的咖啡店”、“超级市场”和“便宜的旅馆”（有人怀疑为什么不是汽车旅馆）相伴随的，还有轻微的犯罪、快餐和“现代消费主义”。在这个超级大国，这些是日常生活中熟悉的特征，但应该注意的是，在美国，高度现代主义——无论在理论上还是实践上，围绕庞德（Pound）、亨利·詹姆斯（Henri James）、华莱士·史蒂文斯（Wallace Stevens）和新批评而形成的20世纪50年代的唯美主义——竟拼命逃避日常的生活，
147 而在我们伟大的现代作家中，只有纳博科夫在《洛丽塔》里运用了这种素材，因此这部作品立刻变成了“伟大的美国小说”——当然，一开始他也是个异类。我认为，这些日常生活素材的转变是一个双重的过程：一方面，通过大众传媒和日常生活的信息化，日常生活素材的转变似乎包含着对我们称为文化的东西的惊人的扩展。在这里，叙述的原始材料——（在更早的“现实主义”阶段）仍可能显得是非文化或前文化的——现在似乎要逐渐经历转变为图像或仿真幻影的过程。同时，在这一重大历史转变的其他环节，一种高级的文学或一种文学和文化的现代主义，由于其本质特征和界定依赖于从根本上脱离生活，脱离庞大的中产阶级公众对通俗文化的消费，所以（在我们现在称作后现代的阶段）它本身也慢慢变得黯然失色。

这里高级艺术和低级艺术之间的区别开始消失，高技术传媒产品的精致开始与旧的艺术价值观念进行竞争；但这个过程与另一个过程并存，而在这另一个过程里，城市和乡村之间，大都会和外省地方之间，旧的区别已不再发生作用，美国从东海岸到西海岸，沿着它的新的高速公路系统，整个变成了标准化的，美国生活中的一切也因此陷入了商品化之中。于是，日常生活的形象化或文化化也随之出现，实际上难以与大众文化和“文化”本身的逐渐同一区分开来，如现代主义或传统标准的结束，流行艺术的出现，以及后来后现代艺术的出现，等等。简言之，现代种种杰出的文化形式受到提供大众消费的大商业和联合生产的限制。

所以，布福德所说的新的文学就是遵循这种日常生活转变并反映这种转变的文学，它渗透到共同的大众文化的最底层和各个角落，随后打入并消灭任何一个迄今尚未触及的残存的飞地—— 148
那些是农业生活的飞地，同样也是高级文化的空间；它们是少数民族聚居区或社区空间，同样也是集体生活的传统农村或古典城市形式。

布福德这种描述的问题是，究竟是什么使这种描述瞄准了那些特殊的短篇小说作家，即他想具体说明、区分并作为后期资本主义一种新的独特的文化趋势而加以赞扬的那些作家。他告诉我们，这种短篇小说里的人物仿佛是过渡性的，他们“来自肯塔基州、亚拉巴马州或俄勒冈州，但总的来说，他们可能来自任何地方”。但这里有一个难点，而这个难点对我们将会有非常重要的意义：他们不可能真的来自任何地方，布福德在这里指的是非城市的地区。事实上，他的作家是那些被称为新地方作家的作家，而正是这种情况才会打开他的口号和他想要运用这种口号的那些文学客体之间的裂痕。（实际上，我们自己的类型学构想强烈而深刻地反映出这种否认的态度，它力求鲜明地区分肮脏的现实主义和批评的地域主义，不论这两种主义的结果如何。）

新地方主义与新的少数民族相似，是一种按地区划分的特殊的后现代形式。它是对后期资本主义现实的一种逃避，是在地区（像种族群体那样）已经基本消失——已经被缩小、标准化、商品化、分散化或理性化——的形势下的一种补偿性的意识形态。今天，地区主义的意识形态是所说的那些短篇小说作家对超级大国的社会生活和社会经济体制的性质的感伤。它通过包含简易食品包装物的碎片和旧汽车的破玻璃窗，力图使自己合法地成为一种对北美生活的现实主义的表现。而在这个过程中，这种表现可以再次使北美人确信某种迥然不同的地区或城市的社会生活依然
149 存在，关于这种生活的其他一切事物在我们的经验中却被证明早已消失。于是，布福德的新地方作家完成另一种关键的意识形态活动（他在自己富于洞察的批评注解里作过适当的说明），这就是证明微不足道和不连贯的事物——或者毋宁说国家和居统治地位的机构宣称是琐事或无重大意义的事物——是实际生活的空间，或常常是真实的空间。实际上，这是因为统治的思想和机构的价值，被理解为以各种形式维持前文布福德所说的“宏大历史叙述”的特征（“英雄的或宏伟的”以及看似包含“雄心壮志”的事物，现在“看来反而言过其实、奇怪甚或错误”——他提到梅勒和贝娄［Bellow］、加迪斯［Gaddis］和品钦［Pynchon］）——这是因为这种宏大的陈述被认为制度化了，变成了统治性的，并且还带有国家批准的印记，可以将新的微观小说作为抗议、反抗、破坏等等包容进来。

另一方面，任何熟悉当前意识形态争论的人，都会承认一种多少有些不同的争论，因为它隐约表现出支持这种值得重视的无政府主义观点。这种争论就是众所周知的“反总体性之战”。在它的旗帜下，一种后现代的反马克思主义追求它声称与国家权力

相一致的目标（即使不是与经济制度相一致），但这目标事实上是当前否认后期资本主义的一些混乱的力量，是继续想象从根本上进行替代的一种乌托邦意图的混乱的力量。因此，按照这种争论，这里作为微不足道的地方性的东西而呈现出来的，事实上是战略性的新价值，即关于碎片和不可整合的事物、短暂的群集、模糊的安排，以及可以自由处理的、暂时的、虚构的衡量模式的新的价值。我认为重要的是把这场特殊的战斗进行到底（在我看来这是一场以误解为基础的战斗，它误解了总体性概念和总体化行为的真正含义），但我在这里提出这个问题主要是为了说明在布福德的陈述或计划之内，一些迥然不同而又只是间接相关的思 150
想意识纠缠在一起，而这些思想意识经过清理之后提供一种非常不同的景象。当然，局部和总体性的问题在我们更大的类型学里仍将是必不可少的义素或特征。地区的吸引力在这里表现得非常清楚，而且在我们最后的安排里肯定会得到承认。但我现在要论证的是一种多少有些不同的观念，即必须发展肮脏的现实主义，它事实上更接近于赖安娜·勒费弗尔的建筑学观点，而不是她自己用作开篇的布福德的陈述。

在她的描述里有一种非常重要的姿态，而且我认为在某种极其不同的（更具地方性或新地方性的）现代的现实和文化领域，这种描述必然取代布福德的短篇小说作家，那就是提到了电影《刀锋战士》，这部电影的文学的比喻“电脑朋克”，触及了某种神经，敲响了某种心弦，引起了某种共鸣，在后当代的政治无意识里，在那种意识形态的客观精神里，具有至关重要的征兆的意义，因为我们在意识形态的客观精神里储存自己的社会想象，积累我们盲目居于其中的那种全球体制的各种奇幻的（关于大量当前现实的）画景。为了对肮脏的现实主义作出界定，我觉得“电脑朋克”是一个比布福德的地方主义和郊区小说更好的出发点，这绝不只是因为它是城市的，而且还因为它的梦魇即将变成对一种新的现实的赞美，这是一种新的现实强化，不能简单地通过激活旧的文化和阶级态度来解释。

我想分两个标题来讨论“电脑朋克”——一是作为对自然主义的继续，一是作为对文明社会结束的一种征兆的表现——然后再转到它在雷姆·库哈斯更新的作品里的建筑学表现。

自然主义在这里提供了一种有用的比较，因为它是原初的肮脏的现实主义，亦即法国人称为“悲惨主义”（misérabilisme）的东西，其中更深的层面，即新工业城市禁止的空间，以冒险旅行
151 和对下层阶级可怜命运的描述的形式暴露在惊恐的资产阶级读者面前，你可以在舒适的扶手椅里读到这种情况，并由此获得双重收益：一方面是对社会总体的同情和认识，另一方面是对阶级的重新确认和对资产阶级秩序的满足。实际上，在自然主义里，同时激发起这两种反应的更深层的阶级冲动，是小资产阶级对无产阶级化的恐惧，唯恐从阶级的阶梯上滑下来，从安全然而永远受威胁的中产阶级的“高尚”和“体面”下落到无产阶级的空间，即被想象成污秽和动物性以及不稳定的雇佣劳动的空间。它对痛苦的看法首先通过一种信念表现出来，它确信这种条件不可能改变，一旦失足跌进这种社会空间就不会爬升回原来的位置，没有社会的拯救，没有赦免或逃避，没有任何出路。当然，在资本主义社会的各个阶段，这种感觉都非常真实，其中旧的格言“得之即有，失之即无”仍然有效，但在自然主义时期，即19世纪晚期，社会事实也是一种非常有力的意识形态的幻想，它可以被挪用，被迫服务于多种其他的政治利用或滥用。

“电脑朋克”与所有这些如出一辙，但在结构和意识形态上作了巨大的修改，其中最基本的似乎是从这种图景上散发出某种“他性”。自然主义的下层阶级总是与我们自己——资产阶级的读

者不同：我们激动地通过他们的眼睛观察，暂时换成他们那样以一种虚构的代理人的身份生活，只有在重新确定我们自己时才醒来。我觉得可以用多种方式来论证后现代性的基本结构特征之一
在于觉醒，如果不是这一他性的范畴和可怕的种类差别的彻底消 152
失的话。实际上我在前面已经谈到，对于有时被称为差异政治的事物（今天也被称作微观政治或小团体政治），其先决条件恰恰是这种在全球范围内对真实客观的差异的普遍削弱和不断破坏。也可以说，这种发展——有时称作民主化，而我更愿意称之为平民化（一个更好更布莱希特［Brecht］式的词）——还对任何以理性和反理性或非理性（后两者属于基本不同的范畴）的对立为基础的哲学论证有着重要的影响。它首先欢迎对善恶的古老的伦理的和压迫的范畴的影响——这里实际上预设了善是居支配地位的群体的范畴，恶是他性的范畴——但新的发展应该以某种方式逐渐消灭这些范畴。

无产阶级、流浪者以及他们的兄弟姐妹，即城市的罪犯（男性）和妓女（女性）——这些在旧的资产阶级和自然主义者对社会想象的表现中显得安全的角色——今天在后现代性和“电脑朋克”里已经让位于一种青年文化，在这种文化里，城市的朋克仅仅是商业上的雅皮士的对立面，城市的空间不再那么深刻地被旧时期的那种彻底的他性标示出来。现在，在下层社会与住高租金的单元住宅和阁楼的上层社会之间，可能有一种循环和再循环：从上层社会跌入下层社会不再是一种绝对的、不可改变的灾难，这首先因为提供一种过去常常被称作街道的知识，有助于在无法想象的共同决定和官僚决定的空间中生存下来（至少在对后现代社会和文化的想象中是如此）。但关键的区别是，按照后现代的看法，你可以从低下的底层返回，一种共同的恢复是可能的也是可以想象的，而这在资本高度发达的自然主义时期则是无法想象

153 和无法表现的事物（虽然在巴尔扎克［Balzac］式的早期资本主义的神话故事里也许不是如此）。

于是人们设想，由于社会空间里这样一种巨大的变化，由于在我们经历的社会想象中对“他性”范畴的这种削弱（如果不是消灭的话），建筑（和城市化）的任务也必然会发生变化，而且可能采取无法预见和意想不到的方式。自然主义时期的困境及其阶级的梦魇所提出的种种问题的类型，很可能包含着建构一种对“他者”安全的资产阶级私人的空间（也许弗兰克·劳埃德·赖特可以作为这一志向的实例）。它们无疑也包含着城市本身的环境卫生问题，包含着清除那些低下的底层或基本上是他性的空间的问题，关于这样的空间，维克多·雨果的“圣灵的宫殿”（见《巴黎圣母院》）和狄更斯的汤姆独居之处（见《荒凉山庄》）仍然是更值得注意的先导的比喻。那种手术性的删除和卫生的城市重建，也许可以用勒·柯布西耶的某些规划设计以图示的方式来说明和限定（虽然我应该强调，由于我们这里涉及矛盾的解决、问题的回答以及对环境的反应，任何单个的名字都没有限定的力量，一系列的现代艺术家都可以看作在对这一普遍的境遇以多种风格极不相同的方式作出反应）。

但是，在建筑领域的“肮脏的现实主义”里，若要进一步论述所有这些变化的空间后果，我们必须先转到我在这一特殊题目之下的两个标题中的第二个标题——这个题目现在需要根据后期资本主义市民社会本身的终结作一种更富哲学性的说明。市民社会这个术语（在德语中用不太委婉的中产阶级社会或资产阶级社会来表示）日益流行，用以说明资本主义为其新的统治阶级所开放的新的私人空间。它与哲学上的一种悖论是一致的，这种悖论
154 实际上在人类社会或生产方式的历史上第一次提出，是一种关于基本上是非公共和非社会的空间的经验和概念悖论，但非社会的

空间是社会地产生出来的，在这一特殊社会构成的运作中构成一个不可分割的组成部分。资产阶级的个人隐私与古代的个人空间毫无共同之处，在伟大的非西方文明里，与个人可以退居其内、作为从社会和公众中的解脱的那些非社会的领域也毫无共同之处。因此它趋向于产生一系列二元性的二律背反，大部分涉及对个人和非社会本身的辩护和界定，但更奇特的是，例如在汉娜·阿伦特（Hannah Arendt）的作品里，它还转向了新的历史二元论所同样引起的公共空间和公共生活的污染。像所有的二元论一样，现在那种经典的公共和个人之间的二元论同样也无法解决，除非消失在过去之中。更近或许更现代主义的社会经验所带来的后果，是至少由两种新的空间导致的复杂化，这两种新空间在旧的公共领域与家庭和亲属相对立的范式中是无法估算的：这些新空间是工作的空间（看似公共的，但却为私人所拥有），而街道的空间，此后被称作日常生活或每天的生活或每日发生的事情，则完全是私有和个人解体的标志，与消费和商品化的出现转而反对公共领域本身的情况并无二致。

值得注意的是，尽管在沙皇俄国（更不用说在中欧诸国）有一种充满生气但规模不大的资产阶级文化的迹象，但在东欧，政治关系今天似乎转向了市民社会这一真正的问题：在斯大林主义的国家机器崩溃之后，这些国家的统治力量倾向于首先从未能构建市民社会的失败方面系统地阐述它们的问题，依此来预见在结束社会主义建设之后一种可以被描述为市民社会建设本身的计 155
划。不过我不能肯定，按照黑格尔或马克思的看法，“市民社会”是否是某种可以这样建构的东西。无论如何，如果东方的改革者认为这一计划与追赶西方相关，那么必须不无遗憾地指出，西方现在已经比那种情况更加发达，而且在我们自己的市民社会阶段之后，现在我们在美国正在经历的事实——即使在联合起来的欧洲和日本尚未出现——则是市民社会的全面崩溃。但我们还没有现成的术语和范畴来说明市民社会之后的情形，因为市民社会的崩溃并不是一种倒退，而是与一种更发达的经济发展形式相伴而生的。因此我自己认为，“电脑朋克”和所谓的“肮脏的现实主义”的想象性探讨，暂时占据着最终将被一种充分发展的说明市民社会之后阶段的理论所占据的位置。不过，这也是为什么我们自己在提出这种新的空间时必须运用旧词的原因，例如我们运用公共和个人之类的词语，而且运用时还必须以一种自我质疑的方式使它们彼此相对。

《刀锋战士》（《杰里・奥林格的电影材料》）

我们必须把肮脏的现实主义的空间当作一个集体建构的空间，在这个空间里取消了内部和外部之间的对立。在其他事物当中——或在我看来是如此——这说明了像《刀锋战士》之类电影中日本的隐喻（在那部电影里，洛杉矶似乎已经移到了太平洋水域的另一边），或者吉布森（Gibson）小说里的日本的隐喻。事实上，很可能就像伊丽莎白时代对西班牙的看法，或者我们昨天对苏联的看法一样，现在对日本的必然参照也标志着对伟大的“他者”的迷恋，这种“他者”也许是我们自己的未来而非过去，是在即将到来的斗争中假定的胜者——因此我们强制性地模仿他，希望以此使胜利的他者的内在思想形式与外部形式一起转移到我们身上。也许需要补充的是，现在对黑格尔历史的终结所进行的臭名昭著的重新适应，是通过科耶夫的一个重要的脚注传给 156
我们的，它明确地注明了这种关于日本的观念。因此，正是日本必将对我们以某种方式成为“历史的终结”——而现在由于我们自己的焦虑而模糊维持的日本的空间，似乎会分享普遍的魔幻力量，投射出远比建筑更复杂的信息。

实际上，肮脏的现实主义中的奇幻性有力地利用了东京的一些情况。在东京的一些地方，街道以某种方式处于内部，整个城市没有外形，变成了一个巨大的、难以名状的、无法表现的容器，它实现了没有拱顶本身的短线拱体的本质，而且比这种分散的外形更具概念上的意义。与此同时，这种宏观现象在内部的回响，在各个部分或微观结构里的回响，我相信不会像我们那样在旅馆里出现，相反，它出现在百货商场里，而这些商场是开放的大型百货商场，人们可以在里面找到食品市场、剧院、书店以及其他各种专门的服务。它们以某种方式一起经营，而这种方式无 157
疑历史地产生于巨大的露天市场或东方的集市或前资本主义的生产方式。这里它们形成一种新的空间的和文化的实体，在西方只有法国的大市场提供了关于这种实体的观念。也许这些形式确实——在任何情况下它们都不能被理解为倒退，或者理解为斯宾格勒（Spengler）一类人所说的亚洲压倒了欧洲——表现出一种跳跃和一种辩证，由此后期资本主义的后现代形式和空间的需求，要求融合并补充前期资本主义：不是部族的古风，像现代初期那样；也不是古代的形式，像在新古典主义里那样；也不是封建的，像在哥特风格的复兴里那样；而是现在伟大的、非西方的“文明”（另外也被称作亚洲模式，或者所谓的东方专制主义）。

无论如何，《刀锋战士》的综合意义恰恰是那样：在高科技市场及其多种多样的交叉当中，大批的人互相融合，所有的一切都封闭到一个没有外部的内部，从而强化了先前的城市，以致变成了无法描绘的后期资本主义本身的那种系统。现在恰恰是抽象的系统及其相互的关系才是外部：以前的拱体，以前的城市，在它们之外没有任何主体的位置，因此它本身不可能被当作一种事物进行检查，虽然无疑它是一个整体。

与此相对，关于可变动的分隔间和可重建的内部空间，即可以随意打破并被其他房间替换的暂时的空间，我们有西方的看法。关于棚子的观念，即盖里所说的“放你的东西”的地方，如在仓库空间的一部分集中你的隔板和家具，在其他部分堆放盒子——基本上仍然是个人对内部空间的一些看法和概念。只有使那种想法在“电脑朋克”中集体化并将它用于以前某个完整的城区，某种新的东西
158 才开始出现。这种新的东西我们将称之为肮脏的现实主义，而我想论证的则是它与某种公认的市民社会的终结之间的关系。

肮脏的在这里意指集体本身，指大众的、无个性的生活和消费的痕迹。隐私的传统价值已经消失，我们也不再带着以前内向的资产阶级个人那种明显的恐惧来接近这种集体大众：对于这种资产阶级个人，大众意味着堕落，就像在自然主义里，集体的空间在人类学的意义上似乎根本是不洁净的（不仅肮脏，而且在某种程度上是个不正式的词，包含着它自己性本能的含义）。但是，市民社会的终结也通过公共空间本身的消失表现出来：例如，公民性的结束和官方统治的结束，官方统治现在重又消解为腐败的个人关系网和非正式的民族关系。但由于企业在法律意义上是

"私有的"，因此在那一点上它的政府也变成了私有的。事实上，最后再一次提到日本，范·沃尔弗伦（Van Wolferén）认为根本不存在任何西方意义上的日本政府（尽管表面上存在），日本的大公司有其独特的方法来指导整个国家政策的走向。

现在是什么取代了个人和公共之间的对立？在这两者之间是否仍然存在某个中间地带？今天如何把每天或日常的生活或街道理论化，使之成为这样一个中间位置的候补者？我认为应该沿着"无主国土"的方式来思考新的空间，不仅思考战争本身，而且思考所有以前传统形式的边界（矛盾的是边界的范畴在这种情境里已经消失）。从空间上讲，这可以想象为既无私有财产又无公共法律的某种东西。我想到一些文学的类比：雷蒙德·钱德勒（Raymond Chandler）在某个地方说过，当你走进警察局时，你就走进了一个超越法律的空间；而在约翰·勒·卡雷（John Le
Carré）的一部小说的一个更有力的情节里，人物在柏林墙下的一 159
个空间里相遇，这是一个超越所有国家和政治权限的空间，在这里可以进行最恶劣的犯罪而不受惩罚，实际上在这里社会人本身遭到消解。但是，这样一些"无主国土"的概念不应该完全被视为梦魇，正如我在前面试图说明的，它们没有任何古典的、反乌托邦幻想的凄凉的他性，而脱离国家恐怖的真正自由，使"无主国土"的暴力获得一种独特的、实际的价值，是兴奋而不是恐惧——这是冒险的空间，它以充分建构的、后城市的无限空间取代了旧的中世纪的浪漫景色，其中共同的财产以某种方式消灭了旧时个人的私有财产，但并没有变成公共的财产。

二

现在我们可以继续说明符号矩阵及其结合与置换的种种含

义，并再次提出高度现代主义冲动的其他成分在后现代时期的命运——这种冲动曾被当成创新，或者被称作求新的欲望。由这特殊的一极产生的艺术，一般会投射出一种希望造成根本性突破的美学，它原则上反对重复的自鸣得意，继续以某种方式使它的形式创新在最普遍的文化或哲学意义上与某种原始政治统一起来。这是坚定的形式主义（当人们那样说时应该带着什么样的微笑?），是马拉美式探讨文化政治（cultural politics）的方法，如果不是对文化的政治（politics of culture）的探讨的话。实际上马拉美自己以瓦格纳为基础的文化政治——“世界之书”作为一种神圣文本的概念，在为集体的再生而举行的社会庆祝仪式上，由世俗的司仪牧师读给初来者——与我在前面描绘的那种处于真
160 实范围之内的、更普遍的、现代主义的乌托邦整体性飞地的概念并无多少不同。同时，建筑上对马拉美的引用，更倾向于考虑他的“纯”形式的冷漠的空洞性，因此与密斯的关联几乎变得必要且不可避免。但是，任何对这种形式上的“虚无性”的讨论（正如我们已经看到的，写一部“无内容”著作的形式观念源于福楼拜，产生在马拉美之前的时代；马拉美更像是黑格尔式的，即一个原始的存在主义者），都必须讨论个人的客体或事件在这些诗的空洞的空间里的地位，尤其是支配它们地位的那种偶然性的范畴（这在关于机遇的长诗中更为明显）。例如事件：窗帘甚至在不是窗户而只是一个窗框子里飘动，而这就是空洞的形式或句法本身的真正抽象或前提；一朵玫瑰，或它的不在，呈现出绽放为存在的姿态——这些刻板的客体，围绕着十四行诗末尾的形式像无意义的词语发出杂乱的声音。实际上，它们以“ptyx”作为它们的讽喻，“ptyx”是死去的大师到斯苔克斯河去寻找的一种容器，也就是一个无意义的声音（为节奏而选择的一个声音），其后来马拉美式的意思最终由十四行诗的其他部分围绕它

构成，使它空洞的瓶饰性充满包容它的句子的仅仅是语法上的意义。于是，这些基本上分离的客体要求构成一种词句的“语境”，以便代替那种不在的“真实的”基础或它们忍受其缺失的语境。

人们应该相信，语境或基础的这种后退是一个历史事件，它与新建环境的看似任意性和选择性相关。以前的自然在充满其各个小生态环境的丛林浓密的泥土里保证那种必然性的样子，但工业城市的新发明和产品却可以散布到任何地方。因此分离的事物
个个都是绝对的偶然：每个都是不可确证本身的真正的形式，也 161
就是说，是无意义的形式。它们中的任何一个都不会产生生产性的东西，甚至不会产生一种真正是形而上的经验，它们一个个是如此微不足道，随时都会被抛进时代的大火，我们在这大火之中处理新分离出来的物件和家具。但是，超现实主义者在跳蚤市场上一个一个地追寻那些莫名其妙的琐碎物件。对他们来说，每一件东西的明显分离都是一个大量投入本能力量的时机，都是城市的神秘事件像水蒸气一样升腾的时机：这些东西在大量无意识的犯罪中是辩护或起诉的物证，而犯罪的说明就像廉价小说的图画或警察周刊一样令人振奋。马拉美的作品里没有任何这类东西，甚至客体的“美”——例如不出现的花——也非常饱满和持久，以致它本身呈现为纯粹的形象，不使自己的俗艳变成一丝一毫可看见的物质。马拉美的事件必须长时间地等待才能使一种美感在它们周围明朗化，而这种美感不可能是超现实主义的：例如，我想到《双峰》里一切引人注意的东西基本上都源于与它的支撑物的分离——例如会说话的原木，但我也想到其他各种像是某种线索的东西，不论摄影机以其清醒的逻辑指向什么，也不论它以虚假的色彩表示什么。人物也是这种随意类型的聚合，而惹人注目的“美国性”则以同样的方式被中性地加以引用，作为一种完全

被它自己接受的大规模生产的产品的无意义性。林奇（Lynch）来自大规模生产另一面的形象流，在他身上，纯粹的马拉美的泉水毫无味道，也没有营养，那是一种合成的液体，甚至没有一种药味与它一致。但是，在这种性质的视觉叙述中，空间和它的内容、深度、建造的环境以及形成它本身的真实的小屋，全都被彻底抽取出来投射到屏幕上面并被转码成许多形象的东西。

不过，马拉美的那些东西仍然包容在空洞的房间之内，而现
162 在必然产生的问题是，那些房间看上去究竟是什么样子？如何能使它们公正地对待分离的事件的彻底性——一种美学上的困境？就它们不能成为事件本身而言，它们必须容纳视觉，并因此像视觉的句法一样超越视觉。对另一代人来说，人们认为密斯已经提供了那种情况，玻璃和窗框的透明性是人们想象马拉美的房间所用的方式。但是，当句法的观念本身被修正时，某种新的东西便进入了画面。马拉美认为——或被写成他好像这样认为——句子本身是绝对句法的最高体现，并因此提供某种绝对封闭的前景：单音素听起来仍然是空间的，绝对的句子在某个暂定的时间里扣紧它限定的扣环（它也回避循环的意识形态，并预示更富当代性的共时性概念）。

但是，如果我们开始怀疑句法本身——怀疑它的作用是否能确保连续性和意义，怀疑它必需的修辞和转义的形式确保了它们彼此的内在矛盾——那么就会出现这样一种情形，其中语言上的结构主义已经由它本身产生出解构主义。因此这显然也是这样一种情形，其中空间的形式主义不可能平静地停留于它自身内部，而是开始产生一种对它自己系统的非结构的否定，这是一种发展，以彼得·艾森曼为例，这种发展已经为他的作品赢得了并不惹人喜爱的“解构主义”的资格：一种行动——确切地说，并不是超越形式主义和理性主义，而是反对被它们自己的武器以一种

形式主义者和理性主义者的方式破坏的形式主义和理性主义。这种方法的动机在这里仍然是哲学的，它是以对人本主义和人类中心说（换言之，一种世界观或一种实际经历的、前意识的哲学）的批判的形式阐述的：

> 虽然弗洛伊德对无意识的揭示使这种幼稚的人类中心说的观点永远不可能成立，但它的根源在今天的建筑中依然存 163
> 在。关于存在和起源的争论对人类中心说的问题至关重要。为了在建筑中实现对人的这种新环境的某种反应，这个计划提出运用一种**他者**话语，一种力图避开人类中心说关于存在和起源的组织原则的话语。

诚然，这段话出自艾森曼自己发展的偏后的阶段（一个在这里对我们比较有意义的阶段）。在这个阶段，时间层面开始对房屋六和房屋十那种单纯的、矛盾的几何句法增加内容，而且基本上采取把罗密欧与朱丽叶的计划（引语也源于这一计划）中的色彩搭配添加到轴线测定的黑白图像上的方式。

我提出“解构主义”时期的哲学程序问题，是为了澄清艾森曼与高度现代主义的关系，后者创新的基本价值当然要在这里加以复述。它不再在陈旧的独特风格的意义上提出一种生动的、新颖的、与众不同的、个人风格的成就，那种风格使你脱离旧的一代——那只是高度现代主义的创新逻辑所采取的最明显的美学形式，它发明和运用的风格范畴本身就足以使我们注意到它与这种特殊的后当代艺术家互不相容，因为后者理性的或几何学的形式主义在那种强烈的本能意义上，已经是对个人风格的一种否定，与他的反人本主义对它的明确认定和排斥完全一样。

但是创新可以采取多种形式。革命的破坏概念是另一种形式，而且并不是最不重要的一种，它可以在从政治到哲学的各个层面上实现。在这种纯形式的意义上，创新都是一致的，不论你思想上是否憎厌维多利亚时期个人生活中填得过满的内心世界，
164 希望以有机器和实践的无产阶级的方式或 D. H. 劳伦斯（D. H. Lawrence）的某种活力论的名义将它废除；也不论你是否认为世界当前这一代人的思想或精神构成出了毛病——他们的形而上学或他们与存在问题的关系，他们的意识形态的价值，他们的认识，他们的意识的性质，他们的精神特征，或者他们在世界上存在的真实形态。在所有这些不同的构成当中，不论是唯物主义的还是唯心主义的，重要的是与所有那一切进行某种彻底决裂的意志，甚或只是能否形成关于这样一种决裂的那种可能性的观念。那样一种思想的呼吸，一种可能性的可能，足以确定现代的概念与以往的东西有着某种根本的差异；而伟大的反形而上学的计划在那种意义上仍然——甚至残余地是现代的。无论如何，现代的概念遭到多种意识形态上的后现代主义的否定，而对于这些后现代主义，以它们极不相同的方式，关键的是拒绝根本的变化、历史差异、革命以及破坏本身的概念（即使是作为一种观念）。

然而非常明显的是，像库哈斯一样，艾森曼并不仅仅是另一个残留的现代主义者，甚至不是詹克斯（Jencks）之类的后期现代主义者，因此关键是要具体说明他的审美方式中其他的、非现代主义的成分。事实上，我们通过对客体和事件的讨论已经开始了那种说明：可以期望，这些将变成一种更全面的后现代实践的彻底分离的“部分、成分、能指符号”（并在我们的符号矩阵的适当角落里这样表现出来）。但同样清楚的是（至少在演绎上），部分或成分的范畴在艾森曼身上不可能发生像我们在库哈斯之类

的实践中所见到的，或像在迈克尔·格雷夫斯（Michael Graves）或查尔斯·莫尔（Charles Moore）等人的作品中所能预见的那样的作用或具有同样的功能。

艾森曼第一个时期的真正的形式主义表明：部分作为部分将
在这种形式里遭到压制，并将只在更一般化的关于内容本身的观 165
点里显现出来，在这种观点里，它不会特别地与任何具体的物体或装饰相等同，也不会在任何常规的意义上被视作原始材料。对于最抽象的建筑（就是说，对于我们可能从这种建筑达成的任何观念），“内容”必将顽固地保持现在被称作场地的那种不可根除性，而这样说是为了揭示一种基本的（在历史上是新的）、真正是后现代的可能性，甚至场地本身也可以因这种可能性而被取消。这不应被匆匆忙忙地当作一种生态学的真理：因为它的生态学形式（确实非常真实，且相当冷漠）需要被列在一个更大的具有分类特征的标题之下，以避免“自然控制”谴责中的那种仍然是人文主义的感情因素，避免对土地本身滥用权力和权力意志。生态破坏在那种意义上是整个资本主义可替代性的一个分支部分，即通过技术改变土地和原始材料的一切形式，包括空间本身，使它们成为中性的、商品化的物质，成为获取利润的纯形式的场合。我们需要考虑这样一种可能性：更新的对场地问题的注意，本身就是急切消除所说的范畴的一种功能，一种迫切性和绝望感往复洗刷这种题材，赋予它一个本身所具有的二级历史的内容，而“内容”本身的重现则是一个新的事件。

显然，在艾森曼早期更具“形式主义”的阶段，场地不可能不表现出来。实际上，在“房屋十”里，他尽力去解释由于这个郊区房子和城市之间的汽车联系，“场地如何成了一个主要的考虑”，其结果是“房子在我的作品里第一次变成了汽车/房子这种现实的一种模式，并被视为整个城市化结构的组成部分，成了那

种与汽车相联系的一种固定的表现风格”（154）。这里值得注意的是，作为一种纯粹的提喻，一种部分/整体的关系以讽喻的方
166 式而不是实用的观点被重写出来；因此根据城市与郊区的结构关系对场地的讨论，先于从物质方面对它的讨论（如“从南到北连续的陡坡沿小山而下”之类的讨论）。事实上这两种发展是相同的：讽喻和越过地点进入空间是一致的，与对房子的地图描绘也是一致的——这种描绘依据不出现的国家和城市的地理政治轴心，而不是依据有关那片孤立的土地的观念、现象和经验的资料。

我觉得应该认为，讽喻的某种形式一向隐含于建筑本身之内，虽然在其经典的形式里，它可能与感知的直接性纠缠在一起而不能找出它的线索。因此，当它是个沿着山坡建筑的问题时，很难区分场地的物理要求和墙线或铅垂线的要求，后者必然涉及山脊，重复或再现它的特殊的方位。这样一些困难因场地在建筑内部留下的多种反响而混合起来，然而随着它们的增多和综合，它们还必须使自己脱离单纯的关联而变成一种观念，甚或一种意义。依靠斜坡是将不平的自然地形变成一种支撑物，并导向居住的一种方式；推广这样的态度就会产生一种对依靠的真实模仿，而这种模仿接着又被赋予一种它自己的、半独立的意义，至少会逐渐地要求作出解释。当代建筑（常常被说成“相似的”）中这些讽喻的类型无处不在的事实给我留下了深刻的印象，而它们作为事物不可避免的结构被想当然地接受的情况尤其令人难忘。但是，如果人们想抵制拟人性和人本主义，难道这不会提供一种不同而又同样具有戏剧性的出发点吗？——一种重要的努力，力求
167 消除这样一种反讽的基础，并想象一种建筑没有这种引喻和这种地理模仿论也可以。

按照我的理解，艾森曼早期的房子一般被认为试图作出那种努力，实现一种建筑哲学上的反基础论。可能不只我一个人这样

认为，他后来的轨迹典型地表明了从高度结构主义到重新创造这种或那种内容的种种变化，而结构主义的形式主义也开始像化学渴求那样要求这样的内容。许多这种从形式主义的复归在精神分析里找到了一种容易被忽略的内容，而精神分析似乎在艾森曼的发展中也发挥过重要的作用。与此同时，马克思主义提出了一种更严格的"绝对的形式主义"；而解构主义，正如我们已经看到的，在其研究现代思想和意识的形而上学结构不可改变的前景中，也在结构主义前加了一个"后"字。

由于艾森曼与德里达的联系无人不知，而且这种建筑与哲学解构之间的类比常常被人提起，所以试验一下多少有些不同的类比，将艾森曼的实践与同一时期另一哲学家的著作（我想在其联系中还未提到过这位哲学家的著作）相对照，也许并不完全是对类比的滥用。实际上，尤其是考虑到德里达与阿尔都塞的关系，考虑到他们的思想并不只是偶然地交叉，根据一部在现已消失的阿尔都塞正典里曾是经典的著作来讨论后来的建筑，似乎并没有什么不当之处。这部著作就是皮埃尔·马舍雷（Pierre Macherey）的《走向一种文学生产的理论》（1966），它在美学上对阿尔都塞主义作出了重大贡献，特别通过伊格尔顿（Eagleton）对它的解读，在英国产生了相当大的影响，在相对小一些的程度上也对美国产生了影响。

这部著作的前半部分针对幼稚的或参照式的阅读展开了一种
论辩，属于人们早就熟悉的一种类型，就像很久以前的新批评似 168
的。但现在我们在这里要谈的是这部著作后半部分的那些分析的章节，我觉得它们的分析提供了一种更具独创性的、更有意义的方法和模式。

那些章节以各不相同的篇幅论述了博尔赫斯（Borges）和儒勒·凡尔纳（Jules Verne），论述了巴尔扎克的小说《农民》和列宁对托尔斯泰的看法。它们不仅提供了表现一种论辩的文本，而且还提供了表现一种经验的文本，认为“艺术作品”本身并不像它通常作为存在那样是有机的统一体：它的统一性实际上是一种虚假现象或权宜之计，即使不完全是其本身所有的一种意识形态（这是伊格尔顿在相关的《批评与意识形态》里，在英语批评传统下强烈辩护的一种观点）。因此作品——**以前**的作品——毋宁被看作一种行为，依靠这种行为，一批各不相同的材料——一种堆满各种不同的内容、不完全的形式、语言现象、社会和心理素材、半独立的意识形态幻想、地方的时代概念、科学的零件以及任意的主题题材的杂物的储藏室——通过审美意识形态的力量强行接合在一起，融合成一个看似有机的整体。于是，过去常常被视为“作品”的东西，现在至多被当成一种不相关联的部分和碎片的选集，在最坏的情况下还会被当成一种倾倒客观精神的垃圾场。

然而非常清楚的是，各不相同的素材都以这种或那种方式是社会的和历史的：它们来自某个真实的地方，它们甚至冷漠地带有古代斗争和某种曾在历史上出现过的事物的痕迹。这就是为什么这种看似无关的层面和建筑材料之间的张力，能够以强有力的二律背反形式（即使不是矛盾本身）来重写。因此，从马舍雷的观点出发，那种不一致性，例如小说描写的这种或那种情感经历之间的不一致性，这种或那种逸事之间的不一致性，这种或那种
169 文体构成之间的不一致性——一种潜在的、巨大的、能够在文本表面显现出不和谐的错调的不一致性——现在应被解读为某种更深刻的、历史和社会矛盾的符号和征象，而说明这种矛盾则是分析家的任务。

但是，如果情况是这样，那么在第二阶段，我们现在必须重新评价刚才所谴责的美学重新统一的行为。弗洛伊德确实常常谈及梦的过程中他称为“二次校正”的环节，在梦的过程中，毫无

联系的愿望的满足与初梦的随机内容在多重装饰的相互关系中被反复缝合在一起，而最早的传释者则意味深长地把这种关系称为“超定”（overdetermination）。依照事实的这种美学和形式统一的过程——取消松散的线索，在以前不存在任何联系的地方制造可能的联系，以次生和误导的方式使不同材料的共存合理化——无疑非常接近马舍雷和伊格尔顿所想的东西，只是其后果是：如果材料的分离在这里被视为一种矛盾，那么消除那些不对应性并制造某种看似统一的东西，现在就必须被视为不仅是一种审美行为。它也是一种意识形态的行为，而且同样也试图解决矛盾本身，因此有机形式重新获得它作为一种社会的、原生政治的行为的价值。另一方面还应该强调的是，从马舍雷分析的观点出发，这种行为仍然是含混的，必须以两种不同的、对立的方式继续使它变得可读：一方面通过以形式掩盖矛盾，它被看作正在统一材料并解决矛盾；但另一方面分析本身表明，矛盾永远不可能得到解决，“作品”本身——以前的作品——无论怎样都只不过是不连贯的材料的一种共存。

我觉得某种类似的情况正出现在艾森曼的设计当中，在他
的设计里，一种**分层**（layering）的方式——在罗密欧与朱丽叶 170
的盒子上向我们具体地体现出来或印刷出来——通过相互叠加的透明性，标志着每一层相互都无法归约。这在加利福尼亚州立大学长滩分校艺术博物馆设计的叠加上得到了戏剧性的表现，例如在不同时期相同事物的不可调和性当中：

> 开始是1849年在加利福尼亚的定居，1949年校园的创
> 立，以及设想的2049年对博物馆的“重新发现”。这一计划 171
> 就是要想象2049年的场地，即大学建立100年以后和淘金热200年以后的场地。

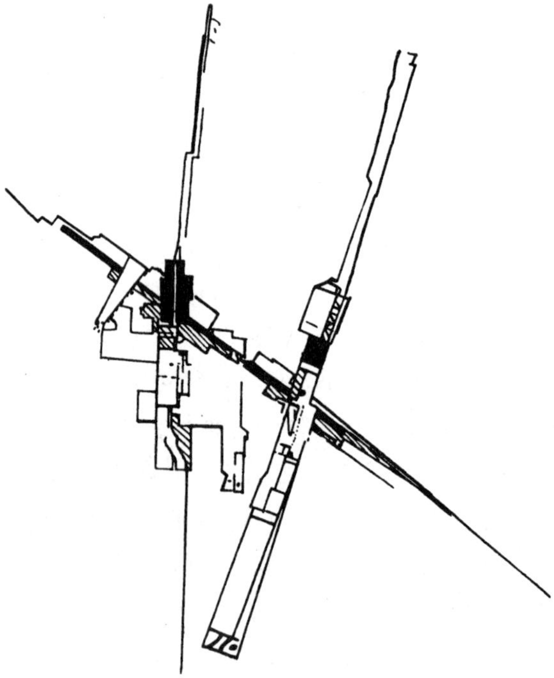

彼得·艾森曼：加利福尼亚州立大学长滩分校
艺术博物馆（《艾森曼的设计》）

这座建筑的形式产生于几种图纸的交叠定位：曾经在场
地上存在的牧场图、校园场地图以及不断改变的断层线的地
形图——一条河、一条水道和那里的海岸线。它们以这样一
种方式结合起来：没有任何一个标志优于其他的标志，并由
173 此通过主观解释使偶然的重合文本化。这些“重合”揭示出
在某些标志——例如社会描述——被赋予更高的重要度时被
掩盖起来的相似关系。举例来说，博物馆场地与北边水道的
关系类似于河流与整个校园场地的关系。因此，这座建筑可
174 以被视为一个考古的制品，一个既关于它的形成又关于它的
叠加“历史”的写了又写的文件。

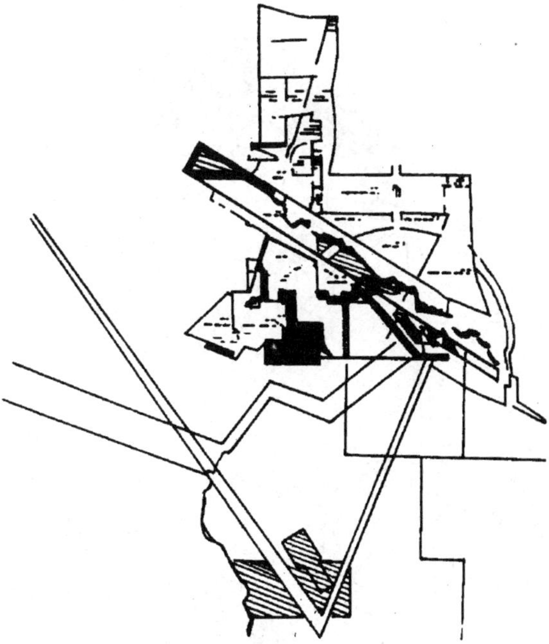

彼得·艾森曼：加利福尼亚州立大学长滩分校艺术博物馆（《艾森曼的设计》）

在一些地方，建筑的石头上带有曾经存在的河床的痕迹，或从前牧场边界的轮廓，它们总是互相重合，通常带有虚构环境的相似的文本标志。因此，这个建筑的石头不是“构成”一个博物馆的“形象”，而是记录了过去和未来的历史的痕迹。不同的历史层面和变化可以被理解为智力的标记，或者一种文化自身组织方式的闪现。在这种意义上，建筑既介入故事又创造故事，这个设计表现了一个关于长滩的故事，而且不同于以前那些表现长滩的故事。（《最近的设计》，25）

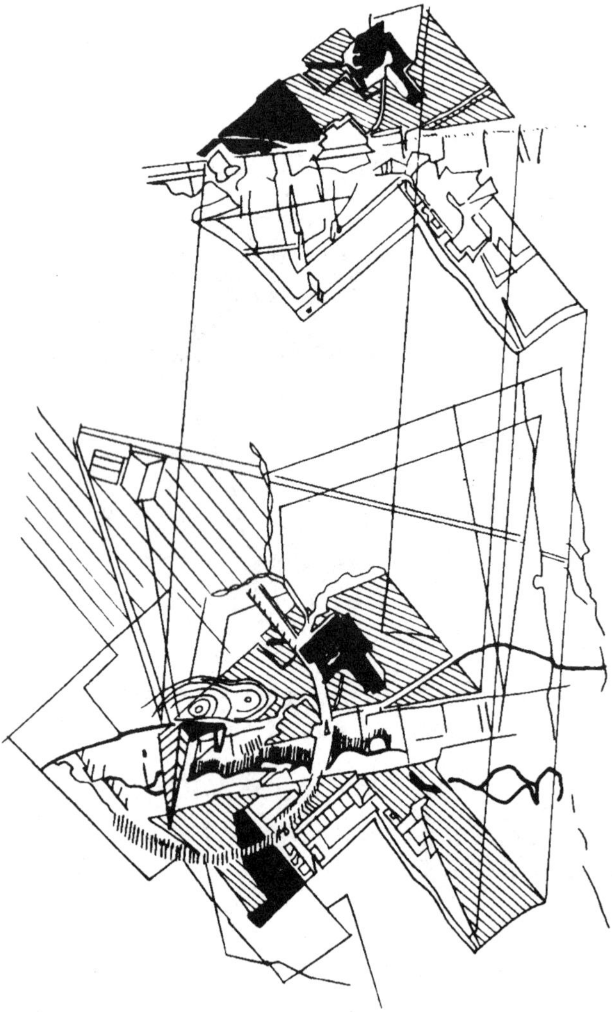

彼得·艾森曼：加利福尼亚州立大学长滩分校
艺术博物馆（《艾森曼的设计》）

彼得·艾森曼：加利福尼亚州立大学长滩分校
艺术博物馆（《艾森曼的设计》）

在从说明到规定、从分析到新生产的转换中，形式的悖论非常突出地显现出来，而且可以根据统一作品中的问题来系统地加以阐述。如果那总是一种开始的状态，并且作品从未被统一起来，那么如果你知道这种情况并仍要生产你自己的作品，你是生产任意的碎片和不连续的遗迹，还是先想象一个统一的东西然后再自行解构呢？在所有艾森曼最近的设计里，特别使我注意的是历史的复归，它是通过场地自身的不连续性来实现的：分层现在是历史性的，是各种过去、现在和将来的幽灵，它们事实上可能是交错的世界，但它们的张力和不一致性全都通过某种更大的、不出现的原因来调解，这就是“历史”本身。

倘若如此，这就是一种与高度现代主义声言要提供的历史性
质不同的历史：明显虚构的过去，像罗密欧与朱丽叶的盒子的透
明性一样带有外科手术的性质，没有那种“过去之井”的任何古
老的痕迹。在托马斯·曼的《约瑟夫和他的兄弟们》四部曲的开
篇序曲中，这种“过去之井”像尼罗河的周期性泛滥一样流溢。
175 它深不可测，每一个更深的记忆都被证明是一种“时间的拉门”。
它像一块屏幕，背后隐藏着某种更古老、更早的更深层面。“但
是时间是什么呢?”同样也没有始源。这种现代主义的“时间
感”——实际上已经是阿尔都塞的“总是已在”(always-ready)，
在现代主义时期，真正需要作出说明的并不是概念表示的现实，
而是对它的热情。(我们更明智的后现代人已经知道诺曼·霍兰
德［Norman Holland］很久以前关于“神话批评”指出的是什
么——他指出，一个文本不会产生一种“神话效果”，除非它被
提前以那种方式标示出来，像包裹上的指示一样具有示意性。)
176 然而，甚至相对的后现代也在它们自己的欲望形式中沉迷于呼唤
深远的过去：正如在目击者露西·利帕德引人注目的《掩盖》当
中，古代各种各样的部落艺术和后史密森（post-Smithson）概念
性之间的密切关系，以及复杂的反作用，都被详细地记录了下
来。虽然必须对关键的细微差别作出反应，但今天并不要求这些
史前墓的遗迹和洞穴绘画产生某种令人激动的荣格式的基调，相
反，对利帕德来说，要求产生的是借由它们表达的公社和集体的
社会生活，而对此我们在自己后个人的（postindividual）孤独中也
会继续隐隐约约地听到。

这里巨大的诱惑是将艾森曼的某些东西比作当代的科幻小说
177 （肯尼思·弗兰普顿［Kenneth Frampton］并不完全反对这点，
他发表于《最近的设计》的批评文章补充引证了对爱德华·阿尔
比［Edward Albee］荒诞剧本《小爱丽丝》的“令人不安的”引

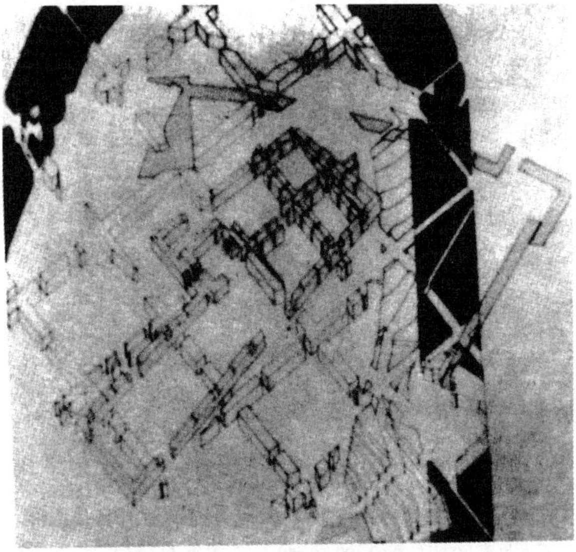

彼得·艾森曼：运动的箭头、厄洛斯以及其他的错误
（罗密欧和朱丽叶的规划）（《艾森曼的设计》）

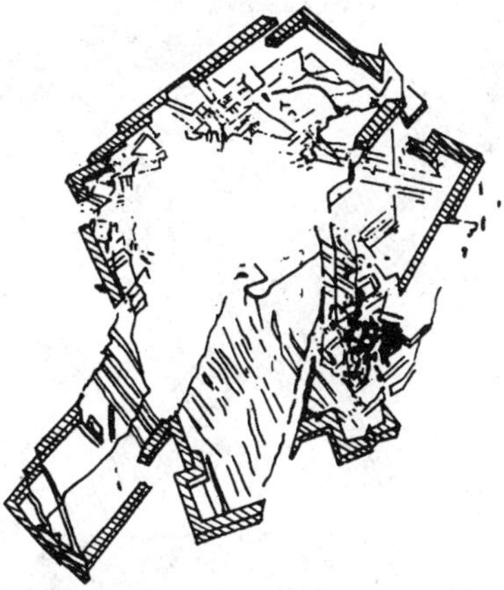

彼得·艾森曼：运动的箭头、厄洛斯以及其他的错误
（罗密欧和朱丽叶的规划）（《艾森曼的设计》）

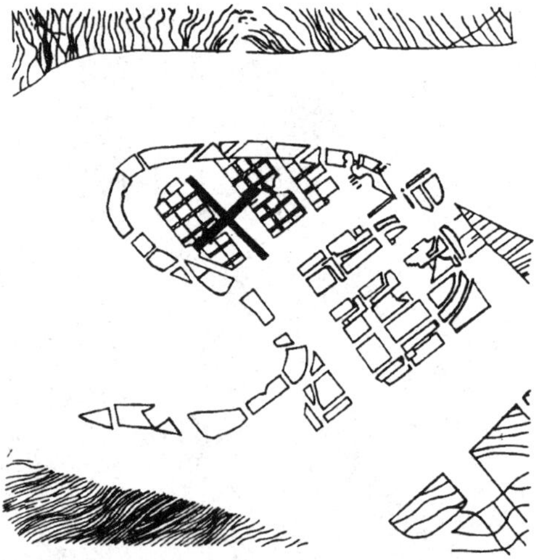

彼得·艾森曼：运动的箭头、厄洛斯以及其他的错误
（罗密欧和朱丽叶的规划）（《艾森曼的设计》）

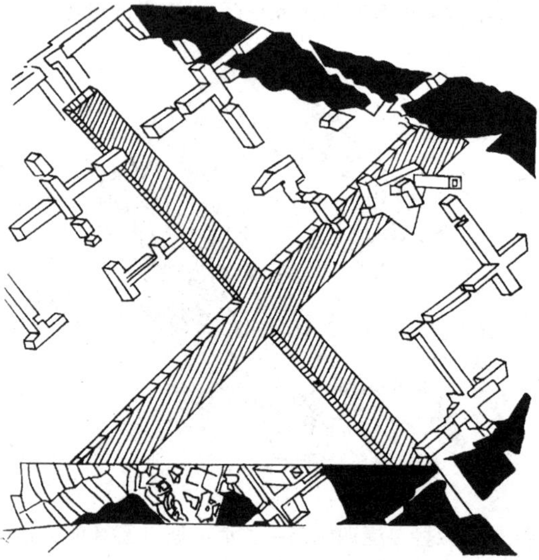

彼得·艾森曼：运动的箭头、厄洛斯以及其他的错误
（罗密欧和朱丽叶的规划）（《艾森曼的设计》）

喻)。长滩的设计尤其可以激起与巴拉德（Ballard）的联系（包括他常常描写的加利福尼亚废墟），这些联系对于这种互相垂直交叉的建筑也许有些太富启示性（也太具叙述性）。这种建筑基本的原子分裂似乎在于使立方体裂变成大量凹陷的“L”形的板块，它们不仅被系统地重新加以安排（以一种无限的几何图形排列），而且最终被一种巨大的、无名的、罐笼似的力量劈开。这力量像一个空的楔子，它似乎已经是那种“中间性”的讽喻 178
(在某种与我们这里所使用的不同的意义上)，即艾森曼所提出的他的各种二元论的第三个方面。于是，这一原始戏剧在空间的充分演出和体现，在韦克斯纳视觉艺术中心（位于哥伦布的俄

彼得·艾森曼：哥伦布俄亥俄州立大学韦克斯纳视觉艺术中心
(《艾森曼的设计》，沃尔夫冈·霍斯特拍摄)

亥俄州立大学）这座建筑上展现了出来。在这个中心，原有的造币厂的遗迹（“古老的”雉堞、土木工事、军械库），围绕着不可抗拒的、倾斜着穿过它们的玻璃支架的运动而突然获得了生命。

179 这里我们又回到了重叠的格子，韦克斯纳视觉艺术中心的楔子是它的突出的范例，尤其因为它可能符合一套纯虚构的等同的东西。实际上，正是从这种同时互相连接的多重格子的可能性当中，才产生出艾森曼的新型历史投射的可能性。但是，这些格子也使我们回到所有现代建筑的另一种基本的困境，这就是对个人
180 建筑（个人建筑的“艺术作品”）的强调与对城市本身或城市结构的强调水火不容（没有理由认为这种困境本身通过某种私有财产制度历史地产生出来）。显然，格子完全符合那种结构，而且由于本地话的流畅性，我们已经看到文图里建议我们把自己也嵌进这种结构：对于那种异质性的城市的宏观世界，它变成了库哈斯巨大的微观世界的使命，像大量自足的单子一样进行重复。艾森曼在俄亥俄州关于形式反应的版本（因为人们不会这样“解决”一个形式问题，这是一个无法解决的矛盾，所以人们宁愿特别地以某种新的形式生产的方式承认它）被拉菲尔·莫内欧（Rafael Moneo）颇富启示性地作了如下的描述：

> 整个建筑变成了城市的一个碎片，结果，它失去了从前建筑曾有的那种整体的、合成的形象。这里，结构和格子是我们眼睛看见的东西，而不是对一向表示建筑特征的形象方面的提及。这很可能是有目的地追求的东西。艾森曼·特洛特（Eisenman Trott）的建筑形成了一种不设定建筑条件的建筑学现象。（《设计图》，57）

“不设定建筑条件”，这些极其引人注意的词语，突然加入了

所有现代艺术中深层使命的基础低音，正如罗兰·巴特曾经说过的，尽可能长时间地推迟完成的作品的状态，推迟那种作为具体化的客体已明确完成或做过的事物的状态：在艺术本身和个人作品之间，“延长那种明暗相交的半影的存在，就像在等候室里的情形似的”。现在，再延长一下与各种格子的认同，会使这种情况对艾森曼也成为可能，但因此也会产生一些附加的问题。

因为与不可决定性的非专业人员最合适，或者看上去最合适的，正是每一个这种随意的格子所轮番发出的多重不一致的“解读”。威胁这种天真乐趣的是所有这种多元主义所隐含的对和谐 181
的怀旧感（为这情境命名并允诺将它转变成一种方法的事实，本身就表明一种“人文主义”，表明允诺不一致的情况会在虚无缥缈幻想的另一面最终得到调和）：在这种情况下，正是格式塔心理学威胁着在其他方面令人反感的二元主义，提出使它们回到那种兔子和它的“他者”的平静的双面的自然的交替。

我认为艾森曼的特殊的、新的历史性，应该被理解为对这种直接的形式问题的一种反应：以这种方式看，它不是一种风格的选择或装饰，而是一种不可避免的紧接着出现的行动。他首先把这称作“排列”（scaling），这个词可能源于本华·曼德博（Mandelbrot）和混沌理论（按照这种理论，无限扩大和缩减必然重复“完全相同”的、基本的不规则性和反常性），但我认为，正是那种“促动因素”，经由最富后当代性的科学，才是随意的。事实上，排列会取得某种更基本的、更具形式的东西，就是说，通过将共时性力量的行列（格子）投射到大量历时性的轴线之上，从格式塔中去掉多重解读的楔子。因此，在“尺度”或维度领域里，排列等同于罗密欧与朱丽叶盒子的各色组合在时间领域里提供给模式的东西：“现时的因素（彩色）、记忆的因素（灰色）以及内在的因素（白色）”（《运动的箭头》，图 7）——事实上也就是雷蒙德·威廉斯试图以他的“残余”和“自然出现”的概念，像用X光透视那样从现实中找出来的那种力量。

实际上，在罗密欧与朱丽叶的盒子上，这两个过程同时发生作用，提供一种自勋伯格的《音色旋律》（*Klangfarbenmelodie*）以来最复杂的审美观念的相互作用。在《音色旋律》里，特定的乐器序列（笛子、鼓、弦乐器、喇叭）严格按照主题中的音符编排，
182 以便那种特殊序列的重现也因此出人意料地构成一种重复，但完全是在作品的另外一个维度上。

在艾森曼的作品里，排列还被要求作为一种“动摇”叙述的方式，或至少动摇“关于什么是建筑叙述的传统观念”的叙述（《最近的设计》，58）。但上下文清楚地表明，他所想的是那种仍然潜存于各种建筑隐喻中的陈旧的叙述性——某种由他自己的纯粹主义的历史价值所表明的东西，以及人们在这里以更适当的科幻小说方式（这里的理解是，科幻小说是一个非凡的历史成就，是一种最高贵的形式，而不是高级文化的耻辱）接收各种“毁灭”的题材之前会犹豫不定的原因。但是，关于“建筑叙述的传统观念”这句话，使我们可以认为新型的叙述那时并不完全是不需要的，也不完全是不可能的。实际上，我将把艾森曼的维度效果（在长滩的设计中仍然是可以非常系统地看到的）完全当作这样一种新的历史叙述的投射，在这种叙述里，现在创造它自己的过去，极像伯特兰·罗素（Bertrand Russell）的上帝，他只在片刻之前才用一种奇妙的技巧创造了这个现在，这种技巧表现了所有“总是已在”的情况和暂时的洞察，表现了局部的过去和更深远的过去，而表现的方式如此奇特和逼真，我们忍不住觉得它几千年来一直就存在在那里。因此后现代的历史性立刻变成了自我意识的，怯懦地对它的成就感到窘迫，它声言（“遵循尼采”）这成就只不过是一种虚构。不过，我们不必过于匆忙地对此作

出决定，因为其结果很可能是：如果这是我们可以得到的唯一一种历史性，那么我们将会为它制定更有野心的计划。我曾发现自己认为，后现代的“历史小说”，尽管有种种虚构的年表与捏造的编年纪事和系谱，却仍然构成一种对小说的参照运用，使我们摆脱历史手册中那些“事实”的不可改变性，建立一种多样世界 183
的同时性。这里的问题可能是，激活叙述并展开叙述，而不最终产生一种单一的叙述客体，即最后“只能是那种叙述”的客体：“人们在这一设计里承认，建筑是关于故事的叙述。这种被写下来的石头文本，或这种小说，可以讲出一个关于长滩的极不相同的故事，一个从未有过记载的故事。”

三

由于我们现在围绕符号矩阵来到最后的“类型”或观点，所以人们将会作出这样的理解：总的来说，场地和地理政治的格子，使艾森曼得以用自己特殊的方式来处理整体和部分或整体性和内容的困境。把部分构想成一个格子，将格子构想成部分或成分，就是要使那种暂时的新的共存成为可能，这样的共存我们称为艾森曼的建筑。但是，正如另外也看到的，它的可能性的其他条件是那种特殊的现代主义激情，即强烈要求取消某种完全是过去的、不可接受的旧制和传统，以便使某种基本上是全新的东西形成。然而，当那种激情随同曾赋予库哈斯力量的“对总体性的渴望”也被丢弃时，对于部分或构成因素会发生什么呢？

回答不一定是排他的。事实上，我逐渐感到，多种颇不相同的回答在这个情境里都有可能。按照这种看法，在其更狭隘、更单一的意义上（在努力勇敢地从总体性到创新性避开一切关于现代的事物的意义上），这个情境也表现出后现代主义的特征。三种变体不仅是构想关于部分的问题时所用的不同方式的作用，而且更重要的是，它们还对其他合成条件（如重复的极点）作出反应，而其他条件本身也非常清楚地知道变化的种种可能。因此，作为一个总的“语境”，重复的客体可以在一般意义上是现代后期的日常生活，就像在文图里的作品中那样（就是说，美国的城
184 市生活或“拉斯维加斯”）；不过它也可以由本雅明用**机械再生产**这一术语所表示的整个领域来构成，换言之，由传媒文化来构成。最后（正如在“批评的地域主义”里那样），它可以特别朝**外国**文化（按照文化帝国主义的观点，甚至可能向一种非统治性的外国文化——或至少在反对美国传媒多样性方面有某种文化和传统利害关系的外国文化）改变方向。

这两极中的变化表明，可能结合的数量远远大于这里认定的三种变化，但是若要公正地对待这些抽象的可能性，这里还需要一种全新的结合方案，并因此需要一种全新的讨论。不过这三种变化作为真正的发展或潮流（或者就“批评的地域主义”而言，作为一种看似提供某种连贯的美学并以此被广泛地争论的概念），至少仍具有存在的价值。

无论如何，在这里作为中心问题出现的那种对总体性原则的否定中，不论逻辑上还是意识形态上都可能出现大量不同的观点，它们不可能被归约为那种熟悉的片断祷文，或者那种越过尼采的文学文本，重又求助于施莱格尔（Schlegel）和最早的（耶拿的）浪漫主义的作品的碎片（但是，这两个文学时期在解构主义里的作用，尤其在保罗·德·曼作品中的作用，也使我们想到这一特征在我们前一阶段的非常不同的参与）。当然，对于“组成部分”的多种多样的态度可以在这里想象出来——纯粹像陶瓷碎片的装饰和能指符号、部分的物体、新词、分类的词汇、各种工具箱里存放的东西，甚至分子的副产品或废物，但是变化的范

围很可能跨越巨大的曲线，从原始材料本身到模数或组件，也就是说，从风格到建造。风格和建造，实际上分别是我们这里将要 185
论及的这一时期前两种现实化的主要因素：这两种现实化分别是“后现代主义”和新理性主义，其中后现代主义显然应该从一种更严格、实际上更单一的风格的意义上来理解，而不是从一般运用它的那种更富历史性的和社会学的意义来理解。

换言之，我这里指的是那种奇特的丰富华丽的装饰“风格”。对许多人来说，这种装饰“风格”似乎体现了整个后现代主义的精华（它的享乐主义，它对禁欲主义的否定，或者从另一方面说，它的轻薄和肤浅——取决于你自己的看法），而后来，在其伟大的先驱文图里和查尔斯·莫尔之后，这种风格在迈克尔·格雷夫斯的作品里，又似乎发现了它的经典的统治性的体现。这里关于部分——组件、片段、成分或建筑的块料——的问题似乎是支配性的，完全超越了“装饰”本身纯“表面”的问题，因为，尤其在查尔斯·莫尔和格雷夫斯的作品里，它以某种方式构成各个部分相互之间的空洞的或自相矛盾的关系，而这些部分又常常似乎构成建筑物本身。实际上，人们在这种作品里已经看到，“各种成分——框缘、柱子、拱门、柱型、过梁、顶窗以及圆屋顶——如何以宇宙进展的缓慢力量，在空间里互相逃避，从它们之前的支撑中突出出来，仿佛自由飘浮在空中”，像“达利（Dali）后期的耶稣在其被钉的十字架上面盘旋，或者像玛格丽特（Magritte）的戴着圆顶硬礼帽的男人缓慢地从空中降下，他们状如雨点，这决定了他们首先要戴圆顶礼帽并手持雨伞”。

这样飘浮在空中——这种在虚空中的奇怪的来世是某个没有根基的形象的状况——可以比作在库哈斯的立体整体性内部漂浮的器官，它们可以与艾森曼叠加的格子形成对照，而在这方面，
格子最好被描写成没有形象的根基（因此它们可以被辩证地提高 186

到形象本身的地位)。风格上的后现代的形象表现出一种文化的因素，这种文化因素像是某种集体无意识或传媒无意识之类的东西，通过它，那种难以理解的残留物，与国旗、意大利的地图以及其他这类公共的象征一起飘浮在空中。实际上，这些象征倾向于使公共领域（如新奥尔良的意大利广场）的这种隐在的模式变成它最贫乏而又最基本的类似 7 月 4 日美国国庆的样式。因此，这应该与意大利新理性主义中表示形式和类型储存的方式鲜明地区分开来，因为在新理性主义里，显然是建筑本身的历史——与整个古典的拉丁基督教世界的历史一致——提供了弃置场，其中一些更合适的建筑能指符号以及部分物体，正半死不活地等待着阿尔多·罗西（Aldo Rossi）对它们的恢复。

然而，真正可以延伸到禁欲主义或反讽的某种性本能的约束，表明了罗西和罗伯特·文图里之间的密切关系，在那一方面——如果拉斯维加斯被断定为理性的——文图里可以被说成是一种大众文化的新理性主义者，他对那种城市结构的一致性的尊重，毫不亚于意大利人为他们必须于其中工作的、那种更古老的（因此，哈哈，也是更“高级文化的”）城市结构所规定的东西，而他对预先给定的组成因素的处理（就他的情况而言，是对**本地语言**而不是类型学的处理）同样也是抹去自我的，并故意表现为非戏剧性的。因此，两者都受到打破这种约束或礼节的威胁：压力，一种脱离范例的自负，一种内心的不安，在文图里设计的普林斯顿的胡应湘堂的贵重材料和路易·康（Louis Kahn）式的高雅当中，确实是可以感觉到的。而罗西设计的福冈市的皇宫饭店，则在它无窗的绿色和橙色外观的反常比例中，接近于一种受到控制的狂妄，饭店一排排无装饰的柱子模仿某种巨大的墓碑，
187 而在它的内部，一种金色的寂静充溢着狭长的极深极高的空间，
就像古代专门用于神秘仪式的壁龛：这座建筑为将这个特殊世纪

末的后现代性与上个世纪末的颓废分开的那种差异的性质，提供了一个极好的反思机会。

并非特别自相矛盾的是，恰恰在另一个领域里，我们发现了最有意思的一些批评论辩，它们反对这种特殊的突出部分或组成部分，而否定以前整体的实用战略：事实上这种批判产生于政治哲学，因此它表明了从现时计划到后现代政治实践和理论的某种更普遍的可转变性，不过我们在这里将不对它作进一步的探讨。厄尼斯特·拉克劳和尚塔尔·墨菲的《霸权和社会主义战略》，实际上是从意识形态上承担了说明的任务，即说明关于总体性或社会封闭的各种学说（它们大部分被指责与黑格尔或马克思有密切关系）在逻辑上的不连贯性（以及在政治上削弱的效果）：他们的论点明显将他们的文本置于我们用符号矩阵所划定的争论范围之内。真正与我们特别相关的是他们所作的有意思的批判，即对英国一些政治理论家关于总体性的反批判的批判，如对辛迪斯、赫斯特（Hirst）和卡特勒（Cutler）等人的批判。拉克劳和墨菲论证说，通过以其各种（对辛迪斯、赫斯特和卡特勒而言）不一定有关的部分——如机构、组织形式、代理——的名义诬名化全球性的社会和经济概念，一种先在的统一性的概念发现它本身只是从以前的整体转变成了以前的部分或因素或成分：

> 通过论及将所谓总体性因素统一起来的那种联系的非本质的特征，总体性的概念在这里遭到了否定。在这一点上，我们没有什么异议。但是，诸如“机构”、“组织形式”或“代理”等因素一旦被具体化，立刻就会出现一个问题。如果这些聚合——与总体性相对照——被认为是社会理论化的 188
> 合法的客体，那么我们是否必须认为每一个客体的内部成分

> 间的关系都是本质的和必然的？如果回答是肯定的，那么我们显然已经从总体性的本质论走到了成分的本质论。我们只是以莱布尼茨（Leibniz）代替了斯宾诺莎，唯一不同的是，上帝的作用不再是确立诸因素间的和谐，而只是保证它们的独立。（《霸权和社会主义战略》，103）

以建筑的能指符号或各种风格的后现代主义或新理性主义来取代辛迪斯、赫斯特和卡特勒的“机构、组织形式或代理”，会使一种引致争论的类比开始展现出来。在这种类比当中，高度现代主义建筑中“总体化”的一致性消失了，但在其一致性解体过程中保存下来的部分和成分的形式的独立性却并未消失。这种看似合乎逻辑的否定，在某种程度上有助于说明对这种建筑中先在的、更小的形式进行引证所产生的粗劣的效果——它本身就是一种抛弃“新颖”或“创新”的功能。这种困惑颇像当代语言学（尤其是乔姆斯基［Chomsky］的语言学形式）所面临的困惑：一种特定语言的所有词语和句子结构先于个体说话者存在，然而说话者能够使它们形成以前从未被说过的创造的话语。

同样不清楚的是，拉克劳和墨菲自己的解决办法——他们认为一种**表达**是“因素间的一种关系，作为表达实践的结果，这些因素的同一性会被改变”（105）——在建筑领域里是否可以有任何特殊的关联或运用。虽然，如果在建筑领域里可以进行类比，他们与艾森曼或库哈斯（以他们极不相同的方式）的联系，比与所说的这种特殊符号象限里的建筑的运动的联系更多。

至于与这最后一种观点相联系的第三种运动，这里有好几种
189 悖论与对它的认识和安排相关。肯尼思·弗兰普顿（沿袭佐尼斯［Tzonis］和勒费弗尔）所说的“批评的地域主义”，确切地说并不真正是一次运动：他自己称它是一种“导向某些共同特征的批

评的范畴”（《批评的地域主义》，326），但我们似乎没有任何足够的理由不继续把它描绘成那种实际已经过时的概念的一个范例，描绘成一种**美学**，因为毫无疑问“批评的地域主义”知道，也许在非传统的部分，在描述和规定之间存在着同样基本的张力，标志着一切哲学的（同时也是一切先锋的）美学。这种体系——最好将它的历史限定为一个资产阶级时期的计划，即从18世纪中期到20世纪中期——通过按照真实艺术作品已经存在的情况描述它们的构成特征，实际上是力图为未来的作品生产提出不变的方式和规范。这样说，就是要认识到这种计划在今天是多么不合时宜，在一个艺术的唯名论和反唯名论的时代，这样的美学概念是多么陈旧。可以论证说，先锋派的“第二次现代主义”表现了使艺术摆脱美学的巨大努力（我认为这是皮特·伯格在《先锋派理论》里的观点）。也可以论证说，美学暴露了它与世俗现代主义的争议，现代主义的矛盾最终使它不可能实现（这至少是解读阿多诺的《美学理论》的一种方式）。同时，从任何一种哲学观点来看，这种传统哲学话语的整体化规范性，事实上都显然绝不是后现代的：它反对对一种哲学体系的概念作后结构主义和后现代的否定，并以某种方式在其价值和程序方面是非理论的和反理论的（如果人们接受这样的观点，承认今天所称的理论或“理论话语”构成对传统哲学的一种置换，一种对它的取代或代替）。

然而同样清楚的是，不仅弗兰普顿意识到这一切，而且某种 190
蓄意的倒退也被纳入到这计划本身之中，它通过“后卫”或后卫战斗的口号得到强调，而其不合时宜的状况也进一步凸显出来，因为弗兰普顿坚持认为，不论“批评的地域主义”在其各种可能的地域里结果如何，它必定仍然是一种“边缘的实践”（《批评的地域主义》，327）。

在将批评的地域主义的美学与和当代建筑有关的（主要是北美）

风格上的后现代主义联系起来的任何类型学当中，这些特征使人想起了另一个悖论。因为，虽然可以说“批评的地域主义”与后现代主义都系统地否定高度现代主义的某些本质特征，但由于它同时极力否定后现代对现代主义整个一系列的否定，它又不同于后现代主义，在某些方面它可以被认为同时是反现代和反后现代的。采取一种“否定之否定”的立场，既不会使我们回到我们自己的出发点，也不会使“批评的地域主义”成为现代主义的一种后来的形式。

举例来说，这种情况完全是这里对先锋派问题所概括的立场。在高度现代主义当中，不论是启蒙还是乌托邦，先锋派都仍然存在，它力求胜过庸俗的资产阶级的进步概念，坚信技术和科学发展的某种自由维度的种种可能。但是，这种“进步”的后当代形式，在全球现代化当中与霸权统治结合在一起，而商品和“生活方式”的普遍标准化，又恰恰是“批评的地域主义”力求抵制的东西。因此，对于先锋派的终结、乌托邦主义的毒害以及对普遍化的同质性和同一性的恐惧，它大体与后现代的看法一致。然而它的“后卫”口号又似乎与一种后现代的“历史的终
191 结”和对历史目的论的否定水火不容，因为“批评的地域主义”继续从这种体系的过去——如果不是从它的未来的话——寻求某种更深刻的历史逻辑：“后卫”保持有一种集体对抗的意思，而不是超越先锋多元主义的无政府状态，后者描绘了许多关于“差异”本身的后现代意识形态的特征。同时，如果当前边缘性和对抗的口号也由弗兰普顿提出，那么它们就可能带有一种相当不同的含义，例如与当前在多元文化主义中运用的那些含义就大不相同：在多元文化主义里它们指城市的和第一世界内部的，而不是指地理上偏远的地区，如他系统地开列的那些半边缘的例子——丹麦、卡塔卢尼亚（西班牙的一个地区）、葡萄牙、墨西哥、20世纪20年代和30年代的加利福尼亚、提契诺河流域、日本和希

腊等（《批评的地域主义》，314～326）。这种列举一开始就警告我们，在这种美学计划里，“地域”绝不同于我们在讨论布福德关于美国短篇小说新作家的看法时所说的感伤的地方主义：这里它指的不是对抗国家及其权力结构的某个乡下地区，而是与整个标准化的世界体制处于紧张状态的一个文化上一致的区域（它也 192
与政治上的独立自治相一致）。

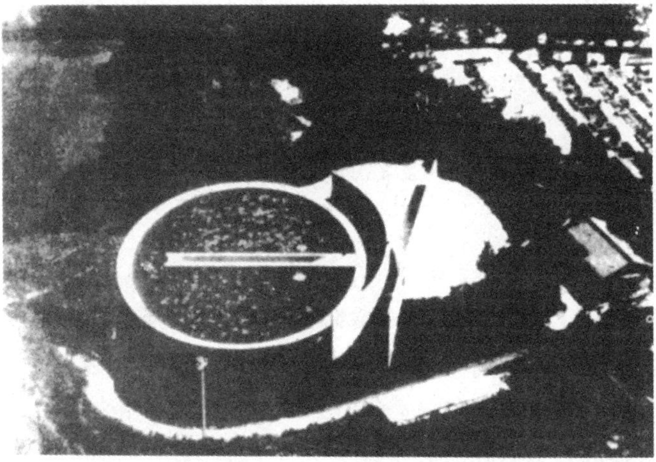

安藤忠雄：水下寺院（日本兵库县）

这样一些地区的特征并不怎么通过强烈的集体同一性的形成来说明，而更多是通过它们与全球现代化的整体力量的相对距离来表明。这种距离提供一种保护或一个小的生态环境，地域的传统在这种保护或生态环境里可以继续发展。这个模式与埃里克·沃尔夫（Eric Wolf）的杰出的《20世纪的农民战争》表现出某些相似之处，后者提出了在远离殖民化和最终组织人民反抗它的可能性之间的一种关系。显然，在这两种情况里，社会和集体组织必须提出某种调解：在沃尔夫的作品里，正是某种集体的或村民的文化相对完整地保存下来的事实，才能够形成人民的有意识的反抗（我认为，多元文化主义根据重新征服和重新建构而不是残存传统的延续来看待这种反抗形式）。弗兰普顿对加利福尼亚建筑师哈维尔·汉密尔顿·哈里斯（Harwell Hamilton Harris）的引用也有某种相同的意思：

> 20世纪20年代后期和30年代，在加利福尼亚，现代的欧洲思想遇到了一种仍在发展的地方主义。另一方面，在新英格兰，欧洲现代主义遇到了一种严厉的、限制性的地方主义，它先是抵制，然后便不再抵制。新英格兰完全接受了现代主义，因为它自己的地域主义已经变成了种种限制的集合。（《批评的地域主义》，320）

考虑到弗兰普顿明显使“批评的地域主义”脱离了民粹主义（《反美学》，20～21），还应该补充说，这不应理解为一种政治运动（另一个使它区别于现代主义先锋派的基本政治概念的特征）。实际上，它与可能伴随着它的发展、作为一种文化语境或给它以
193 精神支持的社会和政治运动的关系的非理论化的性质在这里也多少是个问题。看上去非常清楚的是，知识分子和专业人员之间的某种调和被预见到了，在这种调和当中，这些阶层保持着一种半自治的状态。于是我们可以推测一种政治境遇，在这种境遇里，国家专业人员的地位、地方的建筑师和工程师的地位，受到了全球技术官僚和远距离共同决策者及其职员们日益增强的控制的威胁。因此，在这样一种境遇里，民族知识分子的生存问题，本身就变成了民族独立政治的寓言，而伴随着维护民族艺术风格的生存而提出的理想主义，则重又以社会存在和实践作为它的基础。

于是出现了这样一种看法：“批评的地域主义”可以既反对现代主义又反对后现代主义。另一方面，如果人们宁愿强调它那

种更基本的使命来反对一系列后现代的倾向和诱惑，那么弗兰普顿提供的关于建筑史的修正过的叙述，将会把某种“高度的现代主义”和今日批评的地域实践之间的延续性记录下来：

> 建筑的冲动可以跨越整个世纪来追溯，因为这个世纪把各种不同的作品结合起来而无视它们不同的始源……因此，尽管它们的风格各具不同的特性，但一种非常相似的建筑连接的标准，将亨里克·彼图斯·伯拉吉（Henrik Petrus Berlage）1895 年设计的交易所和弗兰克·劳埃德·赖特 1904 年设计的拉金大厦以及赫尔曼·赫兹伯格（Herman Hertzberger）1974 年设计的比希尔中央综合办公楼非常明显地联系了起来。在每一个实例里，都有一种相当于建筑句法的对距离和支撑物的相似的连接，在这种建筑句法中，地心引力从桁条传到桁架，传到垫石，传到枕梁，传到拱架，传到山墙和拱座。这种重荷的技术转移经过一系列适当连接 194
> 的转换和接合……在奥古斯特·培瑞（Auguste Perret）和路易·康二人的建筑里，我们发现一种可以比较的对建筑中显露的接合的关注。（《建筑设计》，24）

我们将马上转向这种历史修正在形式上的含义，在这种历史修正当中，恰恰是现代主义（尤其是弗兰克·劳埃德·赖特的作品）的基本目的现在被置于一种建筑的使命之中。

另一方面，有些独出心裁地，还可以对“批评的地域主义”重新调整，使它在我们的计划里适应其后现代的地位。这样做的根据是它的后乌托邦的（post-Utopian）幻灭和它从傲慢的、高度现代主义的里程碑和大结构观念的后退，以及空间的创新发明非常有力地以一种真正革命的方式改变着世界。从这种观点出发，可以认为“批评的地域主义”同样具有后现代主义更一般的语境论。至于对部分或片断价值的维持，那是一种以出乎意料的方式——即通过提喻的作用——在这里回归的思想，它认为通过提喻，个体建筑一般会代表该地的空间文化。在这种意义上，“批评的地域主义”可以整体被描绘成一种全球系统的后现代主义（即使不是第三世界的，至少也是半边缘地区的），与我前面描述过的第一世界自身的内部和外部的后现代主义相对。

但最后更有用的，则是要概括出“批评的地域主义”的美学与实际存在的后现代主义的特征这二者之间的对立和张力关系，对此我想按照对立的图示来描绘。

195

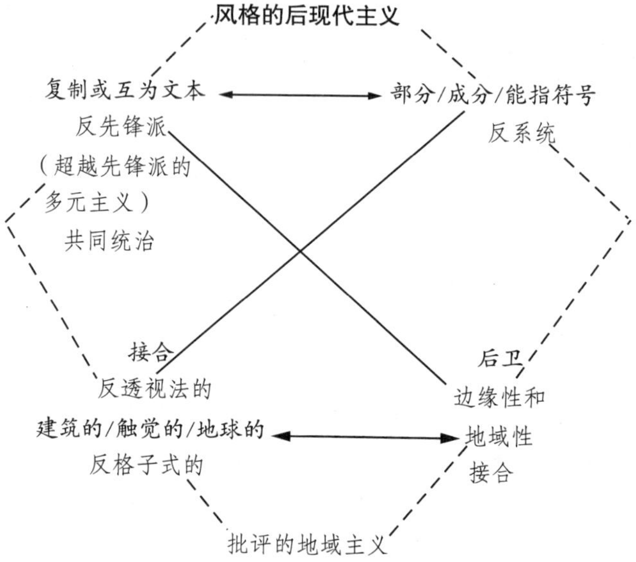

除了新的横向合成或结合的合乎逻辑的可能性，新的图解还提出了一些有意思的形式方面。前者也颇有意趣，值得留待下一次讨论。不过，现在要论及的关键问题既是“接合和支撑”的主题，又是一般建筑的主题；既是透视法的问题，又是格子的问

题；而最终是在所有这一切当中技术的作用，换句话说，是在建 196
筑过程中现代性（即使不是现代主义）的最真实的负荷者的作用。

无论如何，正是通过形式本身，新的美学才得到了最好的探讨，因为在这个领域里，弗兰普顿提供了一系列系统限定的特征，以反对当前的看法，尤其是文图里对建筑本质所作的颇有影响的说明，即文图里根据“装饰的小屋”——或者说根据带有装饰的外表以及外表后面建构和设计的空间——对所有建筑的本质所作的说明。弗兰普顿认为，这些特征是表现的范畴，而“批评的地域主义”的概念所要从根本上提出挑战的，实际上也正是当代建筑里这种表现的首要性本身。他没有对空间的观念作任何详细的争辩，而只是注意到关于空间观念的一切抽象的东西（与地点相对照［《反美学》，24～25］）：一种概念的抽象，它本身在与世界本身的工具关系中也重复抽象。实际上，他所选择的维托里奥·格里高蒂（Vittorio Gregotti）的评论——“现代建筑最坏的敌人就是只根据经济和技术需要而无视场地来考虑的空间的观念”——似乎会允许一种辩证的继续，因为对空间的某种美学抽象，可以理解为与这里引发的对经济和技术的美学抽象相互关联。其实空间不能如此看待，而且在那种意义上，一个“空间”很难单凭它本身就理论化成一个美学的客体，然而，也许正是因为对视觉表现的批判（在对外表的有关讨论中，视觉表现会成为表现本身的东西）不直接承担对空间的这种抽象的美学化，所以对“透视法”的分析判断才在这里被如此鲜明地提出并加以运用。引人注目的空间作为想象的手势和戏剧的场景变得清晰可见，而且正是通过这种情节剧的、戏剧性的补充，对商品形式的
批判才能进入更适当的建筑分析（例如非常值得做的是，按照迈 197
克尔·弗里德［Michael Fried］关于现代主义的历史理论延长这

种分析，作为“吸收”对“戏剧性”的一种倾向性的抵制）。弗兰普顿自己在这里使用的哲学范畴是“本体论的”（与“表现论”相对）范畴，除了援用海德格尔关于居住与建筑关系的概念之外，他似乎极大地依赖于更具争论的（或“人文主义的”）“经验”概念，以此作为对视觉和透视法中的景象和商品概念的一种替代。

不过，事实上，弗兰普顿对这些特殊的美学方式有一种更富形式性的替代——这种替代由触觉、建筑和土地三部分价值构成，它以再次慢慢返回到地点的概念来限定空间的观念。这种替代现在倾向于取代建筑中那些可见的部分（从而使它们自己属于视觉艺术的范畴），赞成“使接合作为原始建筑因素特殊化”：一种非视觉的、非表现的范畴，弗兰普顿将它归于戈特弗里德·森佩尔（Gottfried Semper），并认为它构成“基本的关系，围绕这种关系，建筑形成存在，也就是说，被连接成一种本身的存在”（《循规蹈矩》，22）。接合的范畴主要是连接两种于中相遇的力量（以及它的“断裂”或“分离”的相关物……“断裂”或“分离”即事物互相分裂而不是连接的那个点，亦即那个重要的支点，在那个支点上，一种体系、表面或材料会突然中止而为另一个让位［《循规蹈矩》，24］），这似乎就是“批评的地域主义”的美学的基本创新，而它与其他艺术（或文学）的非表现的或反表现的对应关系则仍然有待于挖掘。

我认为，弗兰普顿以更传统的方式对这些建筑的触觉特征的
198 强调，最好根据这种更基本的对立力量的结构特征来理解，而不是赋予一种类型的身体感觉（如“触觉”）以特殊地位而反对另一种类型的感觉（如“视觉”）。实际上，他的说明——例如，在维斯康蒂的《纳粹狂魔》（*The Damned*）里，坚实的镶木地板与“由此导致的步速的冲力和身体的相对惯力”之间的关系

（《反美学》，28）——似乎允许作这样一种解释：按照这种解释，恰恰是个人感觉的分离变成了后现代异化的基本征象，这种分离常常是视觉的，但人们也可以很容易地从触觉方面进行想象（例如，文图里设计的胡应湘堂的闪光的——但明显具有高度触觉感的——表面，或者诺曼·福斯特［Norman Foster］设计的东京千年塔的绝妙的流水膜，在那里薄如纸的水实际上本身就变成了一种新的、未曾发现的、科幻小说的元素，像是磨光的水泥和钢材）。“批评的地域主义”的美学，很可能不得不坚持对触觉的联觉（synaesthetic）或结构上相关的感觉，以此传达那种构成建筑本身的更基本的范畴和价值。

那种相关的“土地”的价值也可以以这种方式来理解，以一种像是海德格尔的和古代“后卫”的方式，强调土地本身，强调传统的神圣结构。它们还可以按照同时期的方式来解读，作为对格子的那种强调（就是说，对抽象的和同质的共同空间的强调）的一种系统的否定。我们发现，库哈斯和艾森曼都被迫以这种或那种方式将对格子的强调纳入了他们那些仅仅一部分是“后现代的”生产形式。这里，正是这种方式，即建筑及其基本的范畴——接合，必然地强制压力和力量向下分布，可以被认为不仅揭示并承认了场地本身，而且还在某种创造的意义上揭开并产生场地，仿佛那是处女地似的（这里再次引用了格里高蒂，大意是这种“选定场地”构成“对语境的一种认识行为，而这种语境产生于它的建筑的修改”［《循规蹈矩》，24］）。但是，在那一点 199
上，否定格子的价值不再只是一种意识形态的选择（一种“人文主义的”对地方的偏爱，反对异化的后结构和后现代对空间的非人性化），它表现出一种肯定的、自身决定的、形式的建筑价值：这种价值大大有助于“重新奠定”（在这个词的所有意义上）弗兰普顿辩护的基础，在被一种真正是土地触觉的建筑“标示”并

“破坏”的那种全球性的“地基”分化中，他为各种形式的地方或地区的“批评的”建筑进行辩护。

最后，我们现在必须谈谈技术和现代性在这种美学里的作用，因为正是在“批评的地域主义”与这种“西方”现实的独特关系中，这一建议从最基本的方面区别于我们熟悉的民粹主义或文化—民族主义、第三世界以及反西方或反现代的反应。不论这种美学看上去多么像有意的倒退和注重传统，也不论它如何坚持雷蒙德·威廉斯所说的当代境遇里“残存的”文化政治而不是“新出现的”文化政治，它都同样明确地承认现代技术的存在及其必然性，而现在必须说明的是它承认的方式的独创性。例如，我们已经看到了库哈斯如何承认技术现代性的约束和“必然性”（如说“一个建筑有三分之一的部分……难以为建筑思想所了解”），他将它集中到一种建筑“凝聚器”的单一的固定点之内（1811 年城市主义的曼哈顿格子计划，个人建筑的电梯），而对“凝聚器”的采用则使周围的空间获得一种新型的自由或创新。

弗兰普顿承认这种必然性的观念似乎并不是什么纲领性的东西，因为它没有预见到任何解决问题的办法，像库哈斯所做的那样；同时它又更像是“哲学的”甚或“意识形态”的，因为技术
200 与其对立物之间那种对立的二元性质，通过他的各种实例，总是以某种方式被保留下来（例如，在这种意义上，他可以援用诺曼·福斯特的作品——这里指 1978 年设计的塞恩斯伯里中心——将其“对服务和被服务空间的区别”当作一种仍然使人隐约地想到适当的建筑价值的表述［《循规蹈矩》，25］，而不是当作詹克斯之类的分析家所认为的那种纯系“现代晚期的”对技术和集体的赞颂）。

不过，他对一种已经存在的“批评的地域主义”的例子的两个关键的说明似乎会以一种启示的新方式揭示这种二重性，使这

种美学作为一种策略以某种方式既包括又排除技术的现代性，并在真实的建筑过程本身当中超越技术的现代性。因此，他说明了约恩·乌松（Jorn Utzon）的巴格斯瓦尔德教堂如何投射了一种双重生活，它的外部“标准组件装配和就地铸件的结合”构成了“现在我们可以利用的全部混凝土技术的一种适当的结合”，“不 201
仅符合普遍文明的价值，而且表现了它的标准应用的能力”（《批评的地域主义》，314）。同时，教堂的内部还突然投射出一个拱顶，远远超出了“西方文化中神圣之物”通常的含义，实际上它结合了中国的塔顶所具有的“微妙的、相反的隐喻”（以及“梯级教堂的北欧土语”），而作为一种建筑的“象征行为”，其意识形态的后果由弗兰普顿在这里作了非常清晰的分析（《批评的地域主义》，315）。

于是，弗兰普顿从安藤忠雄（Tadao Ando）的实践中推导出一种虽非相反但却大不相同的对待现代性的方式，安藤的理论（本身无疑是一种发展，源于日本哲学对20世纪30年代和40年代被称为“克服现代性”问题的独特的关注）把它描述为一种“封闭的现代性”的战略：这里技术仿佛被包容在日本人对光和细节的更新的、更真实的注意当中，因此也最终包容在弗兰普顿所说的对建筑的注意当中（《批评的地域主义》，324）。这里的程序似乎有些像是翻转或颠倒了前面描述的乌松的步骤，然而两者又都保持着发现某种新的与技术的关系的可能性，既不是怀旧地否定，也不是盲目地一起赞颂。如果“批评的地域主义”有什么真正的内容，那么它只有依赖这种发现的力量，依赖它的“封闭”或重新打开并改变那种现代的重负的能力才能实现。

不过，值得强调的是“批评的地域主义”的概念和计划反映其在历史上的时刻的程度，尤其是它表现一种境遇中的悲苦的程度，在这种境遇中，对后期资本主义技术的彻底替代的可能性

202 （不论是在建筑还是在城市化方面）已经非常明显地消退了。这里强调的不是新出现的而是残存的东西（出于历史的必然），而理论问题又与政治问题相一致，即如何从必然是传统和怀旧的材料中形成一种进步的战略？如何以一种解放和改革的积极方式利用保守的企图？这个问题的历史根源在于后现代技术和城市化的独特性，其中“进步”——如果这个概念确实还存在——所含指的新机器的引进与建筑环境改变之比大大不同于 19 世纪（19 世纪流行一种不同的技术，对自然有一种与信息技术极其不同的、更明显的风格的影响）。所以今天的情况是，某些最激进的城市或街区的发展，常常从防止旧的城市结构完全分散或破坏的努力中汲取活力：这种情况预示了在使这种“对等的束缚”（又像是用拉克劳和墨菲的方式说的）与“新社会运动”的束缚相调和时明显而不祥的困境，因为新社会运动必然否认这种保守的、家庭和邻里的意识形态动机。

然而，弗兰普顿概念的建议不是一种内部的建议，而是一种地理政治的建议：它力图发起一种“地域的”风格的多元主义（选用“地域的”这一术语无疑是为了先行排斥**民族的**或**国际的**这些术语的不需要的含义），以求抵制此后全球性的后期资本主义和社团主义的标准化和一体化，而后者的“本地话”像它对地方决议的权力一样无处不在（实际上，在冷战结束之后，它对地方政府和单个的民族国家也有这种力量）。

因此，当回到部分或成分的问题时，在政治上非常重要的是，应该强调“批评的地域主义”的概念在什么程度上必须是寓言性的。这里，个体建筑今后是一个什么样的单位，不再是对城
203 市规划的独特看法（例如巴洛克式的），也不再是一种特殊的城市结构（例如拉斯维加斯），而是一种整体的独特的地域文化。对于这种文化，独特的个体建筑变成了一个转喻词。这样一种建

筑的构造类似于前面讨论过的两个运动，即一种风格上的后现代主义和意大利的新理性主义，其相似的程度是它也必须展开先在的形式和传统基调的存储作为符号和标志，借此“装饰”一般仍然是一种相对传统的西方的“小屋”。

为了使这种建筑形成一种不同的陈述，它的装饰也必须被理解为一种文化民族话语中可识别的因素，而且建筑的建筑必须同时被理解为一种物质结构和一种象征行为，在其受困和危险的时刻重新确定地域民族文化为一种集体的可能性。但是，正如神话那样，也许正是因为寓言，它的效果才仍然不够明显，难道一定要提前为客体贴上标签，并事先告诉我们它是一种被追求的寓言效果吗？不过，这个有趣的理论问题，只有在“文本”脱离产生其效果的社会基础时才可以看到：例如，在当前这个实例当中，应该非常清楚的是，“批评的地域主义”的一种建筑形式将缺少所有的政治和寓言效能，除非它与旨在保留民族自治的多种其他地方的、社会的以及文化的运动协调起来。20 世纪 60 年代艺术行动主义的显著错误之一就是假定预先存在着一些形式，认为这些形式因其自身的内在特征而被自动地赋予某种政治的，甚至革命的潜力。另一方面，在各种形式的文化民族主义当中，仍然有一种潜在的理想主义的危险，这种文化民族主义倾向于过高地估计文化和意识的有效性，而忽视与之同在的经济独立的需要。可是，在一种真正全球性的后期资本主义的后现代性里，恰恰是经 204
济独立才在各个地方重又成了问题。

正如各种后现代主义声称自己有一种政治使命时遭到普遍反对一样，“批评的地域主义”的战略以这种或那种方式赞同多元主义的价值和差异的口号，也引起了对这些战略的更强烈的反对。这种反对不在于确信多元主义总是一种自由的价值而不是一种真正激进的价值——一种教条的和空谈理论的观点，对许多现行历史阶段的考察足以排除这种观点。不，这种不安产生于后期资本主义本身的性质，关于这种性质，人们可以怀疑多元主义和差异是否不以某种方式与它自己更深刻的内在原动力相关。

比方说，这是一种由现在被称作后福特主义（post-Fordism）的新策略引起的感觉：后福特主义这个术语可以被看作**后现代性**或**后期资本主义**这类术语可选择的变体之一，它与后两者大体上是同义词。但是，它倾向于怀疑“批评的地域主义”本身的战略设想，并由此强调一种今天跨国资本主义的独创性。换言之，福特主义和古典帝国主义集中设计它们的产品，然后通过法令把它们强加给兴起的公众（你确实可以选择 T 型车的颜色：黑色的！），而后福特主义则运用新的计算机技术，通过定做为个人市场设计它的产品。实际上这已经被称作后现代的推销方式，而且还可以认为它“尊重”当地居民的价值和文化，使它的各种商品适应当地的语言和习惯。不幸的是，这种情况把公司嵌进了地方和地域文化的深处，难以再决定这种文化是否还真正存在（实际上，难以决定“地域文化”之说是否还有什么意义）。这是全球
205 范围的那种对未来的综合征（EPCOT syndrome），它使我们又彻底回到了“批评”的问题，因为现在“地域”本身变成了全球性的、与美国迪斯尼乐园相关的那些大公司的业务，它将为你重新装饰你自己本地的建筑，而且比你自己做得更加精确。今天全球的“差异性”难道与全球的同一性一样吗？

参考书目

Attali, Jacques. *Noise*. Minneapolis: University of Minnesota Press, 1985

Borie, Jean. *Le Célibataire français*. Paris: Le Sagittaire, 1976

Brodsky, Joseph. "Catastrophes in the Air." In *Less than One*. New York: Farrar, Strauss, Giroux, 1986

Buford, Bill. Introduction to "New American Writing." *Granta*, no. 8 (1983)

Burger, Peter. *Theory of the Avant-Garde*. Minneapolis: University of Minnesota Press, 1984

Claudel, Paul. Preface to Arthur Rimbaud. *Oeuvres complètes*. Paris: Mercure de France, 1912

Colletti, Lucio. *Marxism and Hegel*. London: Verso, 1973

Collingwood, R. G. *Essay on Metaphysics*. Oxford: Oxford University Press, 1940

Deleuze, Gilles. *Présentation de Sacher-Masoch*. Paris: Editions de Minuit, 1967

Eisenman, Peter. *House X*. New York: Rizzoli, 1982

——. *Moving Arrows, Eros, and Other Errors: An Architecture of Absence*. London: Architectural Association, 1986

——. *Rencent Projects*. Edited by Arie Graafland. Nijmegen: Idea Books, 1989

——. *El Croquis*, Special Issue no. 41 (October/December 1989)

Elliott, Robert C. *The Shape of Utopia*. Chicago: University of Chicago Press, 1970

FitzGerald, Frances. *Fire in the Lake*. Boston: Little, Brown, 1972

Flatley, Jonathan. "Platonov' s Melancholy Bodies: Mourning, Utopia, and Sexuality in *Chevergur*." Annual Bulletin, Institute of Philosophy of the Russian Academy of Sciences, Moscow. Forthcoming

Frampton, Kenneth. "Towards a Critical Regionalism: Six Points for an Architecture of Resistance." In Hal Foster, ed., *The Anti-Aesthetic*. Seattle: Bay Press, 1983

——. "Critical Regionalism: Modern Architecture and Cultural Identity." In K. Frampton, *Modern Architecture: A Critical History*. London: Thames and Hudson, 1985

——. "Rappel à l' ordre: The Case for the Tectonic." *Architectural Design* 50, no. 3/4 (1991)

Freud, Sigmund. "The Antithetical Meaning of Primal Words." *The Standard Edition*, Vol. 11, pp. 153—161. London: The Hogarth Press, 1957

Fuss, Diana. *Essentially Speaking*. London: Routledge, 1989

Groys, Boris. *Gesamtkunstwerk Stalin*. Munich: Hanser, 1988

Guha, Ranajit. *A Rule of Property for Bengal*. Paris and The Hague: Mouton, 1963

Habermas, Jurgen and Niklas Luhmann. *Theorie der Gesellschaft oder Sozialtechnologie*. Frankfurt: Suhrkamp, 1971

Hindess, Barry and Paul Hirst, A. Cutler, and A. Hussein. *Marx' s Capital and Capitalism Today*. Vol. 2. London: Routledge and Kegan Paul, 1977

Hirschman, Albert O. *The Passions and the Interests*. Princeton: Princeton University Press, 1977

Huntington, Samuel. "Political Order and Political Decay." In S. Huntington, ed., *Political Order in Changing Societies*. New Haven: Yale University Press, 1968

Jacobs, Jane. *The Death and Life of Great American Cities*. New York: Random House, 1961

Jameson, Fredric. *Late Marxism*. London: Verso, 1992

——. *Postmodernism; or, The Cultural Logic of Late Capitalism*. Durham: Duke University Press, 1992

——. "World Reduction in Le Guin." *Science Fiction Studies* 2, no. 3 (1975)

Kant, Immanuel. *The Critique of Pure Reason*. 1781. Reprint, London: Macmillan, 1958

Karatani, Kojin. *The Origins of Modern Japanese Literature*. Durham: Duke University Press, 1992

Kojève, Alexandre. *Introduction à la lecture de Hegel*. Paris: Gallimard, 1947

Koolhaas, Rem. *Delirious New York*. New York: Oxford University Press, 1978

——. Interview in *El Croquis*. Special issue, Vol. 53 (Madrid) (March 1992)

Laclau, Ernesto and Chantal Mouffe. *Hegemony and Socialist Strategy*. London: Verso, 1985

Lefaivre, Liane. "Dirty Realism in European Architecture Today." *Design Book Review* 17, (Winter 1989): 17-20

Lefebvre, Henri. *The Production of Space*. Oxford: Blackwell, 1991

Lévi-Strauss, Claude. *La geste d' Asdiwal*. Paris: Imprimerie Nationale, 1958

Lippard, Lucy. *Overlay*. New York: Pantheon, 1983

Loos, Adolf. "Ornament and Crime." In L. Münz and G. Küntsler, *Adolf Loos: Pioneer of Modern Architecture*. London: Thames and Hudson, 1966

Macherey, Pierre. *A Theory of Literary Production*. London: Routledge and Kegan paul, 1978

Marcuse, Herbert. "On the Affirmative Character of Culture." In *Negations*, trans. by Jeremy J. Shapiro. Boston: Beacon Press, 1968

Mayer, Arno. *The Persistence of the Old Regime*. New York: Pantheon, 1981

Podoroga, Valery. "The Eunuch of the Soul: Positions of Reading and the World of Platonov." *SAQ* 90, no. 2 (Spring 1991): 357-408

Proust, Marcel. *A la recherche du temps perdu*. 4 vols. Paris. Bibliothèque de la Pléiade, 1987-1989

Rey, Pierre-Phillippe. *Les alliances de classes*. Paris: Maspero, 1973

Robinson, Kim Stanley. *Red Mars*. New York: Bantam, 1993

Rorty, Richard. *Philosophy and the Mirror of Nature*. Princeton: Princeton University Press, 1980

Smith, Paul. *Discerning the Subject*. Minneapolis: University of Minnesota Press, 1988

Tafuri, Manfredo. *Architecture and Utopia*. Cambridge: MIT Press, 1976

Thompson, E. P. "Time, Work-Discipline, and Industrial Capitalism." *Past and Present*, Vol. 38 (December 1967)

Venturi, Robert, Denise Scott Brown, and Steven Izenour. *Learning from Las Vegas*. Cambridge: MIT Press, 1977

Virilio, Paul. *War and Cinema*. London: Verso, 1989

Wolf, Eric. *Peasant Wars of the Twentieth Century*. New York: Harper and Row, 1969

van Wolferén, Karnel. *The Enigma of Japanese Power*. New York: Knopf, 1989

Yakushev, Henryka. "Andrei Platonov's Artistic Model of the World." *Russian Literature Triquarterly*, 16 (1979): 171-188

索　引

The Seeds of Time by Fredric Jameson

图书在版编目(CIP)数据

詹姆逊文集. 第9卷，时间的种子/王逢振主编；王逢振译. —北京：中国人民大学出版社，2015.12
ISBN 978-7-300-16407-6

Ⅰ.①詹… Ⅱ.①王… Ⅲ.①詹姆逊，F. -文集②后现代主义-研究 Ⅳ.①C53

中国版本图书馆 CIP 数据核字（2015）第301825号

"十二五"国家重点图书出版规划项目
詹姆逊文集 第9卷
王逢振 主编
时间的种子
王逢振 译
Shijian de Zhongzi

出版发行	中国人民大学出版社			
社　　址	北京中关村大街31号	**邮政编码**	100080	
电　　话	010－62511242（总编室）	010－62511770（质管部）		
	010－82501766（邮购部）	010－62514148（门市部）		
	010－62515195（发行公司）	010－62515275（盗版举报）		
网　　址	http://www.crup.com.cn			
	http://www.ttrnet.com（人大教研网）			
经　　销	新华书店			
印　　刷	涿州市星河印刷有限公司			
规　　格	150 mm×228 mm　16开本	**版　　次**	2016年3月第1版	
印　　张	13 插页4	**印　　次**	2016年3月第1次印刷	
字　　数	147 000	**定　　价**	1380.00元（全14卷）	